썬킴의
세계사
완전 정복

패권전쟁으로
이해하는
역사의 흐름

썬킴의
세계사
완전 정복

패권전쟁으로
이해하는
역사의 흐름

썬킴 지음

RHK
알에이치코리아

현재를 사는 우리들의 이야기를 '시사', 과거에 살았던 사람들의 이야기를 '역사'라고 합니다. 현재에 사는 우리들의 문제에 대한 해답을 얻기 위해선 과거에 살았던 이들의 삶, 즉 '역사'를 들여다보아야 합니다. 왜냐고요? 살았던 시대만 달랐을 뿐, 그들의 삶과 우리의 삶은 매우 비슷하니까요.

그렇기에 역사 공부가 중요합니다. 역사는 결코 연도나 위인의 이름을 외우기만 하는 단순한 '교과 과목'이 아닙니다. 연도와 위인의 이름 뒤에 숨겨진, 당시 사람들이 느꼈던 눈물과 웃음, 절망과 희망, 분노와 저주 등을 우리가 읽어 내야 합니다. 그것을 읽어 내는 순간 과거 사람들의 삶이 마치 한 편의 영화처럼 눈앞에 펼쳐집니다.

모든 역사는 다 연결되어 있습니다. 역사적 사건 가운데 아무 맥

락 없이, 갑자기 발생한 사건은 단 하나도 없습니다. 어떤 전쟁이 일어났다는 것은 그 전쟁이 일어날 수밖에 없었던 이유가 있고, 누가 암살당했다면 암살의 이유가 반드시 있습니다.

한때 불교와 문화를 일본에 전파할 정도로 선진국이었던 우리나라가 상대적으로 발전이 느렸던 일본의 식민지가 되었을 때는 그 원인이 있었겠지요. 한국전쟁에 미군이 참전한 것은 단순히 '민주주의를 지키기 위해서'가 아니라 여러 가지 복합적 이유가 있었겠지요. 그렇기에 우리는 역사를 공부할 때 이런 '상관관계'를 하나하나씩 차근차근 엮어 가며 공부해야 합니다.

그런 상관관계를 놓고 보면 우리가 꼭 알아야 하는 존재가 바로 미국과 러시아(구 소련)랍니다. 우리나라의 근현대사를 얘기할 때 솔직히 미국과 러시아를 빼고서는 이야기할 수 없습니다. 특히 러시아 역사는 우리나라 근대사에 지대한 영향을 미쳤어요.

이른바 명성황후가 일본인들에 의해 살해당한 '을미사변'도 러시아 때문이었어요. 고종이 궁을 버리고 러시아 공사관으로 도망간 이른바 '아관파천'의 이유가 궁금하지 않으세요? 또 우리가 언제부터 실질적으로 일본의 식민지가 되었는지 아시나요? 바로 한반도와 만주 그리고 우리 동해에서 일본과 러시아가 치고받고 싸웠던 '러일전쟁'에서 러시아가 패배한 직후랍니다. 그러면 왜 일본과 러시아는 우리 한반도에서 싸워야 했고 왜 러시아는 일본에 졌는지, 그 이유를 알아야겠죠?

　미국은 말할 것도 없지요. 미국은 우리나라를 한동안 실제로 '통치'했습니다. 해방 직후의 이른바 '미군정 시대'였지요. 그리고 미국은 한국전쟁에 수많은 자국 젊은이들의 목숨을 희생시키면서 우리나라 근대사에 깊숙이 들어왔어요. 물론 지금도 지대한 영향을 미치고 있고요. 그런데도 많은 분이 미국이라는 나라가 어떻게 탄생했고, 어떤 발전 과정을 거쳤고, 어떤 배경으로 세계 최강 국가로 우뚝 섰는지 그 이유를 자세히는 모릅니다.

　이 책은 우리 근현대사에 지대한 영향을 끼친, 한때 '냉전Cold War'이라는 대립각을 세운 미국과 러시아의 역사를 다루고 있습니다. 도대체 두 나라는 어떤 과정을 거쳐 지금의 미국과 러시아가 되었는지, 궁금하지 않으세요? 네이버 오디오클립에서 현재 제가 진행하는 〈썬킴의 세계사 완전정복〉 내용을 바탕으로 한 이 책을 통해 그 질문에 친절히 답을 드리려고 한답니다. 여러분들의 역사 여정에 조금이나마 도움을 드렸으면 합니다.

〈역사 스토리텔러〉 썬킴 드림

목 차

2부 패권을 노리는 나라, 러시아

1부

패권을
지키는 나라,
미국

뉴햄프셔

버몬트

메인

미시간

미네소타

위스콘신

뉴욕

매사추세츠

로드아일랜드

펜실베이니아

아이오와

오하이오

코네티컷

일리노이

인디애나

메릴랜드

뉴저지

미주리

켄터키

웨스트
버지니아

버지니아

델라웨어

테네시

노스캐롤라이나

워싱턴 D.C.
(특별구)

아칸소

사우스
캐롤라이나

미시시피

앨라배마

조지아

루이지애나

플로리다

| 미국 기본 정보 |

- **국명**   미합중국
- **수도**   워싱턴 D.C.
- **면적**   982만 6675km² (한반도의 45배)
- **행정구역** 1특별구 50개주
- **언어**   영어
- **인구**   약 3억3천 만명
- **종교**   기독교(70.6%), 유대교(1.9%), 무슬림, 불교 등

1장

북미 대륙에
도착한

유럽인들

1587~1664

미국의 시작

1587
영국인 탐험가 월터 롤리,
새로운 땅을 발견하다.

1607
소수의 영국인, 첫 정착촌
제임스타운을 만들다.

1620
메이플라워호를 탑승한
102명의 청교도인,
북미 대륙에 도착하다.

1652
맨해튼을 두고
영국-네덜란드 전쟁 발발하다.

1664
뉴암스테르담, 뉴욕이 되다.

미국의
진정한 시작

    퀴즈를 하나 내겠습니다. 북미 대륙에 첫발을 딛고 식민지를 건설한 '유럽인'들은 누구일까요? 많은 분이 1620년 메이플라워호Mayflower를 타고 영국에서 출발해 지금의 매사추세츠Massachusetts에 도착한 영국 청교도인 102명이라고 생각하실 겁니다. 현재까지도 많은 미국인이 그렇게 믿습니다. 자신의 조상이 자유를 위해 신세계를 만든 사람들, 그것도 본국의 종교 박해를 피해 목숨 걸고 험한 대서양을 건넌 사람들이라고 생각해 보세요. 얼마나 멋진가요? 하지만 안타깝게도 사실이 아닙니다. 그 청교도들보다 약 30년 전에 이미 북미 대륙에 도착한 영국인들이 있어요. 그들은 누구일까요?

1584년경, 영국인 탐험가 월터 롤리Walter Raleigh는 지금의 미국 플로리다주Florida 북부 해안을 탐사하던 중 당시까지 영국인들이 알지 못했던 새로운 땅을 발견합니다. 그리고 그 땅에 당시 영국 여왕 엘리자베스 1세Elizabeth I의 별명을 따 버지니아Virginia라고 이름을 붙였습니다. 왜 버지니아냐고요? 엘리자베스 1세는 "나는 국가와 결혼했다"라고 선언하고 평생 독신으로 지낸 것으로 유명합니다. 이 때문에 처녀 여왕virgin queen이란 별명을 가지고 있었습니다. 참, 이 당시 버지니아에는 특정한 경계가 없었기에 지금의 노스캐롤라이나주에서 플로리다에 이르는 지역을 대부분 버지니아라고 불렀습니다. 지금의 버지니아주와는 위치가 다르니 기억해 두세요.

3년 뒤, 월터 롤리는 버지니아 식민지 건설을 위해 약 120명의 사람을 오늘날의 노스캐롤라이나 해안의 로어노크섬Roanoke으로 보냅니다. 이들이 로어노크섬에 도착한 뒤, 생활에 필요한 물자가 부족해지자 리더 존 화이트John White는 보급품을 요청하기 위해 다시 영국으로 떠납니다. 하지만 이듬해, 영국과 스페인 사이의 전쟁으로 인해 로어노크섬으로 보급품을 보내는 일이 늦어집니다. 약 3년 뒤, 보급선이 로어노크섬에 도착했을 때는 이주민들의 흔적이 전혀 남아 있지 않았습니다. 후세 사람들은 이를 사라진 식민지Lost colony라고 부릅니다. 이렇게 최초의 버지니아 식민지 건설은 실패합니다.

영국은 포기하지 않았습니다. 1606년, 영국은 104명의 사람을 다시 북미 대륙으로 보냅니다. 이들은 런던의 버지니아 회사Virginia Company of London가 모집한 신대륙에서 새로운 삶을 살기를 원하는 사람들이었습니다. 영국에서 장인, 상점 점원 등 다양한 직업을 가지고 살고 있었지만 새로운 곳에서의 출발을 꿈꾸며 북미 대륙으로 향하는 배에 올라탄 것입니다. 기나긴 여정 끝에 다음 해인 1607년, 한 섬에 도착합니다. 이들은 당시 영국 왕이었던 제임스 1세James I(평생 독신으로 살아 후사가 없었던 엘리자베스 1세 사후에 아주 복잡한 과정을 거쳐 다음 왕권을 차지한 왕입니다)의 이름을 따와 '제임스타운'이라고 짓습니다.

이들이 도착한 제임스타운의 자연환경은 좋지 않았습니다. 습도도 높고 모기도 많았습니다. 물웅덩이들이 많은 늪지대라 말라리아 같은 각종 질병이 들끓었고, 수질마저 좋지 않아 정착하기에 여간 어려운 환경이 아니었습니다. 정착민들은 끝없는 질병에 시달려야 했습니다. 제임스타운에서의 첫 겨울이 지나는 동안, 정착민 중 오직 38명만이 살아남습니다.

영국 정착민들의
목숨을 구한 담배

목숨을 위협하는 주변 환경과 영국 본국의 부정적인 시선 가운데 놓인 제임스타운의 첫 영국인 정착민들을 구한 건 놀랍게도 담배였습니다. 포카혼타스의 남편으로 더 유명해지는 존 롤프John Rolfe가 가져온 담배 종자가 제임스타운 담배 농사의 시초였습니다. 존 롤프는 버지니아의 기후에 담배 농사가 적합하다는 것을 깨닫고, 제임스타운에 적합한 담배 종자를 가져와 정착민들에게 심게 했습니다. 수확한 담배는 영국으로 수출했고요. 마침 당시 유럽에서는 담배 광풍이 불고 있었어요. 1492년 콜럼버스가 미대륙에서 발견한 담배를 유럽에 가져간 계기로 유럽인들은 담배에 중독되었고, 없어서 못 팔

지경으로 담배 수요가 폭발하던 상황이었거든요. 제임스타운 정착민들에게는 엄청난 기회였지요.

하지만 과유불급이라고 하죠? 제임스타운 정착민들은 너무 욕심을 부렸어요. 담배를 많이 팔수록 돈을 더 많이 벌 수 있다고 생각해 무리해서 담배밭을 확장했고, 주변 원주민들의 땅까지 무단으로 점령해 버렸습니다. 원주민들의 땅을 빼앗아 담배를 더 재배할 생각이었던 거죠. 1622년, 이 영국 정착민들을 가만히 놔둘 수 없었던 원주민들과 영국 정착민들 간에 대규모 무력 충돌이 발생했고, 결국 원주민들이 패배합니다.

이 안타까운 역사 때문일까요? 많은 미국인이 제임스타운의 정착민들이 아닌, 그로부터 약 20년 후에 도착한 청교도들을 자신들의 첫 조상으로 생각합니다. 청교도 이야기는 뒤에서 자세히 하겠습니다.

포카혼타스는
실존 인물이었다

초기 제임스타운을 건설할 때 큰 공을 세운 인물은 당시 제임스타운의 총책임자였던 존 스미스John Smith란 영국인이었습니다. 다음 내용은 존 스미스가 자신의 자서전에 기록한 내용인데 사실인지 아닌지는 알 수 없습니다. 하여간 그 자서전의 내용을 바탕으로 〈포카혼타스Pocahontas〉란 애니메이션 영화도 만들어졌어요. 그 내용은 다음과 같습니다.

제임스타운 초기 건설 당시 존 스미스가 주변 숲 지대를 순찰하고 있던 때였어요. 갑자기 근처 원주민들인 포우하탄족Powhatan이 그를

납치했습니다. 포우하탄족 주민들은 회의 끝에 그를 죽이기로 했어요. 추장이 그의 머리를 돌로 내려치려는 순간, 한 여인이 달려와 존 스미스를 머리를 감싸 안으며 추장에게 외칩니다. "아버지, 제발 이 사람을 죽이지 마세요!"

그렇습니다. 여인은 포우하탄족 추장의 딸인 포카혼타스였습니다. 그녀가 존 스미스의 목숨을 살린 것이지요. 이 이야기는 존 스미스의 자서전에 나온 경험담인데 아까도 언급한 것과 같이 사실 여부는 알 수 없어요. 하지만 확실한 점은 포카혼타스가 실존 인물이었으며, 제임스타운과 깊은 관계가 있었다는 것입니다.

기록에 따르면 실제 일어난 일은 다음과 같습니다. 존 스미스의 증언을 살펴보면 포우하탄족 중에서도 추장의 딸이었던 포카혼타스가 제임스타운 정착민들에게 큰 도움을 준 것으로 보여요. 하지만 이 배은망덕한 정착민들이 자신들의 욕심 때문에 원주민들의 땅에 손을 대기 시작했고 두 세력 간엔 긴장감이 고조되기 시작했지요.

그 결과 포카혼타스는 1612년, 제임스타운에 인질로 잡힙니다. 추장 딸이 인질로 잡혀 있으니 포우하탄족은 쉽게 제임스타운을 공격하지 못합니다. 한편, 제임스타운에서 인질로 잡혀 있던 포카혼타스는 점점 영국인들에게 동화되어 갔답니다. 기독교로 개종도 하고 제임스타운에 적합한 담배 종자를 가져와 담배 재배를 가능하게 한 존 롤프와 결혼도 했어요. 그리고 1616년 포카혼타스는 남편을 따라 런던을 방문해 당시 영국 왕도 만나게 된답니다.

그녀는 영국에서 일약 스타가 되는데 그 실상을 들여다보면 조금 씁쓸해집니다. 원주민인 포카혼타스가 어느새 문명화되고 영어도 구사하며 영국의 생활 방식에 완전히 적응한 모습을 보였기 때문입니다. 포카혼타스는 런던을 떠나 다시 제임스타운으로 돌아갈 준비를 하던 중 1617년, 22살의 나이에 천연두에 걸려 런던에서 사망합니다. 당시 북미 대륙의 원주민들은 천연두에 대한 면역이 전혀 없었거든요.

포카혼타스가 죽었다는 건 이들의 분쟁을 잠시 멈추게 한 인질이 없어졌다는 의미가 되지요? 1622년, 포우하탄족과 영국인들이 대격돌을 일으키고 영국인들의 압도적인 화력에 포우하탄족은 거의 멸족을 당합니다.

흑인 노예 무역의 시작

    1607년 문을 연 신대륙 최초의 영국 식민지 제임스타운이 두고두고 회자되는 이유가 또 하나 있습니다. 바로 미국 노예 제도의 시작과 많은 연관이 있기 때문이에요. 1619년, 버지니아 해안가에 배 한 척이 도착합니다. 네덜란드 깃발을 단 영국 무장 함선이었죠. 이 함선의 최종 목적지는 멕시코였으나, 식량 부족으로 인해 버지니아 해안가에 잠시 정박합니다. 이 함선에는 선원 외에 흑인 약 20여 명이 탑승한 상태였는데요. 식량이 필요했던 함선의 선원들은 제임스타운 정착민들에게 흑인과 식량을 맞바꾸자고 제안하고, 정착민들은 이 거래를 받아들입니다.

이 거래를 미국의 최초의 노예 거래라고 봅니다. 당시 제임스타운에는 노예 제도가 존재하지 않았기 때문에, 이들은 계약 하인 신분으로 살아갑니다. 다만 이들은 계약 하인 신분 증서가 없었기 때문에 실질적으로는 노예 신분과 다를 바가 없었습니다.

담배 농사에는 많은 노동력이 필요한데, 제임스타운 정착민들은 그 노동력을 계약 하인들로 충당했습니다. 영국에 있던 이들을 데려온 것이죠. 이외에도 서인도제도에 이미 흑인 노예로 잡혀 와 있던 흑인들을 구입하기도 했습니다.

아무리 담배를 팔든 건달이든 간에 기본적으로 기독교를 믿었던 영국인들이 같은 사람을 노예로 부릴 생각을 했다는 게 이해되시나요? 성경 말씀에 노예를 반대하라는 언급이 없으니 노예를 부려도 된다는 것이 당시 그들의 논리였답니다. 심지어 일부 성직자들은 '흑인들의 얼굴이 검은 이유는 신에게 죄를 많이 지었기 때문이고, 그렇기에 상대적으로 죄가 덜한 백인들이 흑인들을 지배하는 것은 당연하다'라는 말도 안 되는 논리로 흑인 노예제를 정당화했답니다.

사실 이면에는 경제적인 이유가 있었습니다. 그 생고생을 하면서 대서양을 건너와 겨우 북미 대륙에서 담배 농장 등 경제적 기반을 닦아 놨는데 노동력이 부족해서 망해 버리면 끝장나잖아요. 그래서 자신들의 경제적 기반을 다지기 위해서라도 꼭 필요한 흑인 노예 제도를 유지하기 위해 이런 말도 안 되는 명분을 만들어 버린 것이죠.

청교도들,
북미 대륙에 도착하다

    그럼 현재 미국인들이 자기 조상이라고 생각하는 '첫 북미 대륙 정착민'은 과연 누구일까요? 그들은 바로 1620년, 메이플라워호를 타고 영국 플리머스Plymouth 항구를 출발해 약 65일 뒤 지금의 보스턴 부근 매사추세츠주 플리머스에 도착한 102명의 청교도인이랍니다. 이들은 오늘날의 뉴욕이 있는 허드슨강을 목적지로 영국에서 출발했습니다. 하지만 도착한 곳은 현재 보스턴 지역인 플리머스였습니다. 목적지가 달라졌으나 플리머스에 도착한 이들은 그곳을 '새로운 영국'이라는 뜻의 뉴잉글랜드New England라고 이름 짓고 일단 살아보기로 합니다.

○ 102명의 청교도들의 항해 루트

오늘날의 허드슨강 하구를 목표로 영국의 플리머스 항구에서 출발했으나, 자신들이 떠나온 항구의 이름을 딴 오늘날의 매사추세츠주 플리머스에 도착했다.

여기서 청교도puritan에 대해서 정리해 볼까요? 영국에 헨리 8세 Henry VIII란 왕이 있었어요. 아들을 간절히 원했던 왕이었죠. 첫 번째 부인인 캐서린이 아들을 낳지 못하자 헨리 8세는 그녀와 이혼하고, 캐서린의 하녀이자 아들을 낳아 주겠다고 약속한 앤 불린Anne Boleyn 과 결혼하려고 합니다. 내털리 포트먼이 주연한 영화 〈천일의 스캔들The Other Boleyn Girl〉에 이 막장 이야기가 고스란히 녹아 있습니다. 당시 영국은 로마 교황의 명령을 따르던 국가였는데, 가톨릭 교회는 이혼을 금지한다는 것이 문제였어요.

그런데도 헨리 8세는 계속 이혼을 허가해 달라고 요청했고, 교황

○ 〈헨리 8세의 초상〉,
   한스 홀바인, 1539

은 이를 거부했어요. 화가 난 헨리 8세는 결국 로마 교황과의 관계를 끊고 1534년에 새로운 교회 제도인 영국 국교회(성공회)를 만듭니다. 그에게는 그만큼 '아들'이 중요했던 것입니다. 참, 성공회에서 말하는 성공이란 '성스럽고 공정한'을 의미합니다.

　결과적으로 로마 교황청과 연을 끊었으니 겉으로는 종교 개혁처럼 보였으나, 사실 교황이 임명하던 성직자를 헨리 8세가 임명하는 것으로 바뀐 것 빼고는 전혀 변한 것이 없었답니다. 로마 가톨릭과 다를 바가 없었던 것이죠. 이에 당시 유럽을 휩쓸던 종교개혁의 열풍이 영국에도 번지기를 기대했던 영국의 종교개혁파들은 크게 실망합니다. 당연하죠. 영국 국교회라는 새로운 이름을 붙였어도 실상은 가톨릭 그대로였으니까요. 실망한 영국 종교개혁파들은 영국 국교회를 밀던 영국 왕실과 싸우기 시작합니다. 영국 종교개혁파 중에서도 가장 급진적이던 분리주의자들이 바로 청교도였습니다. 청교도清教徒란 말 그대로 '교회를 깨끗하고 맑게 만들고 싶은 사람들'이라는 뜻이에요. 이 청교도들이 "더는 영국 왕실의 명령을 받으면서 못 살겠으니 새 세상 찾아 떠나겠다"라며 메이플라워호에 올라탄 겁니다. 북미 대륙에 가면 종교 박해 없이 잘 살 수 있으리라 생각해 영국 플리머스 항구에서 1620년 허드슨강 유역으로 출발한 것이 미국인들이 현재 믿고 있는 미국이라는 나라의 시작입니다.

문제는 한겨울에 아까도 언급한 바와 같이 원래 목적지보다 훨씬 북쪽에 있는 현재 매사추세츠주 보스턴 지역에 도착한 것입니다. 참고로 '매사추세츠'는 당시 보스턴 지역 원주민어로 '높은 언덕'을 뜻합니다. 이들 보스턴 지역에 도착한 사람 중 절반가량이 안타깝게 질병과 굶주림으로 목숨을 잃고 맙니다. 게다가 당시 청교도인 가운데 어업과 농업에 종사했던 사람은 한 명도 없었고 심지어 낚싯대 하나조차도 없었다고 합니다. 정말 대책 없이 오신 분들이었죠.

그럼 이 나머지 청교도들은 다 죽을 운명이었을까요? 다행히도 주변 원주민들이 도움을 줍니다. 청교도들에게 옥수수와 호박 같은 식량도 나눠 주면서 추운 겨울을 나게 도와주었어요. 물론 그 척박한 땅에서 농사짓는 법도 가르쳐 줬지요. 그리고 원주민들은 청교도들에게 시커멓고 날지 못하는 정체불명의 조류도 먹으라고 주었습니다. 바로 칠면조였어요. 맞습니다. 칠면조의 원산지는 북미입니다. 이와 같은 이야기들로 알 수 있듯 당시 원주민들은 호전적인 것과는 거리가 멀고, 오히려 착하고 순수했습니다.

질병과 굶주림으로 힘들었던 청교도들은 원주민들에게 얼마나 고마운 마음이 들까요? 그래서 다음 해인 1621년, 옥수수를 수확한 청교도들이 고마운 마음을 담아 원주민들에게 칠면조 등을 잡아서 잔치를 베풀어 줍니다. 이것이 추수감사절Thanksgiving Day의 시작이라고 미국인들은 주장합니다. 아주 아름다운 미덕으로 포장해 매년 11월 4번째 목요일이 되면 전국적으로 칠면조를 잡아 가족끼리 기도를 하며 그날의 아름다운 미덕을 기리고 있습니다. 여기까지가 대부분이 아는 미국 추수감사절의 '아름다운' 이야기입니다.

하지만 그로부터 50년 후, 청교도 정착민들의 태도가 돌변합니다. 그리고 자신들에게 도움을 주었던 원주민들을 모조리 학살합니다. 왜 갑자기 은인들을 학살했느냐고요? 이유는 간단합니다. 점차 영국에서 사람들은 밀려 들어오고, 땅은 부족했습니다. 제임스타운의 경우와 똑같이 자신들이 살 땅을 차지하기 위해 원주민과 충돌한 것입니다. 청교도들을 도운 원주민들은 왐파노아그족Wampanoag이란 부족이었는데 1675년, 중무장한 영국인들에게 거의 몰살당해요. 이 부분은 상대적으로 잘 알려지지 않은 이야기입니다. 미국이 숨기고 싶어 하는 건국 초기의 흑역사이니까요.

펜실베이니아의
탄생

1607년 첫 식민지였던 제임스타운이 건설된 후, 이곳에 들어서기 시작한 북미 대륙 영국 식민지들은 대서양을 끼고 있는 동부 해안가에 만들어집니다. 이 책에서는 모든 동부 연안 영국 식민지들을 다 설명하지는 않지만 그래도 가장 중요한 식민지 위주로 최대한 쉽게 설명하겠습니다.

앞서 남쪽에서 담배 농사를 시작했던 버지니아와 북쪽에 청교도들이 정착한 뉴잉글랜드(매사추세츠)가 어떻게 만들어졌는지 말씀드렸지요? 미국 지도를 잠깐 보실까요? 이 두 지역 사이에 엄청나게

○ **영국의 신대륙 식민지**
초기 영국인 이주민들이 건설한 13개의 대서양 동쪽 식민지 구역이다.

큰 땅이 있지요? 이 땅은 어찌 영국 식민지가 되었나 알려드릴게요.
먼저 펜실베이니아Pennsylvania란 동네가 그 사이에 어떻게 만들어졌
는지 말씀드리겠습니다. 펜실베이니아, 중요합니다. 왜? 1776년, 미
국의 독립 선언이 바로 펜실베이니아에서 이루어졌기 때문입니다.

펜실베이니아는 1681년, 영국의 윌리엄 펜William Penn이란 인물이 개척한 영국 식민지랍니다. 윌리엄 펜은 퀘이커 교도였습니다. 청교도도 헷갈려 죽겠는데 퀘이커는 또 뭐냐고요? 진정하세요. 그리 어렵지 않아요. 퀘이커는 가톨릭에 대항하는 영국 내 종교개혁 종파 중 하나입니다. 모든 인간은 하나님 아래에선 모두 평등하기에 신분제는 말도 안 된다는 논리를 주장하던 종파였어요.

왜 퀘이커Quaker냐고요? 그들의 교리 중에 '진리를 접하면 떨어라'라는 부분이 있는데 그걸 당시 다른 종파 교인들이 '벌벌 떠는 인간들quaker이구만'이라고 그들을 부르면서 아예 종파 이름이 되었답니다. 그렇다면 영국 왕은 이 퀘이커 교도들을 반겼을까요? 절대 아니지요. 퀘이커는 신 아래에선 왕이든 노예이든 모두 다 같이 평등하다는 교리를 가진 종파였으니까요. 영국 왕실은 이 퀘이커 교도들을 대대적으로 탄압했습니다.

젊고 혈기 넘치던 청년 윌리엄 펜도 이 퀘이커 교도였습니다. 그런데 펜의 집안은 굉장히 부유했어요. 펜의 아버지가 영국 왕실에까지 돈을 빌려줄 정도의 재력가였거든요. 이 엄격한 아버지는 퀘이커에 빠진 아들을 부자의 인연을 끊어 버릴 정도로 미워했습니다. 하지만 부모 자식의 연은 끊으려고 해도 끊을 수 없는 것인지 펜의 아버지는 죽기 바로 직전에 아들 펜을 용서해 주면서 많은 재산을 물려줍니다.

어느 날, 펜은 아버지 유산을 정리하다 영국 왕실을 상대로 한 차용증을 발견합니다. 알고 보니 펜의 아버지가 영국 왕실에 큰돈을 빌려준 적이 있었던 것이죠. 펜은 당연히 왕실을 찾아가 돈을 갚으라고 합니다. 그러자 영국 왕실은 돈을 갚는 대신 북미 대륙의 땅 일부를 줄 테니 그것으로 합의하자고 제안합니다. 영국 왕실 입장에선 성사만 되면 골치 아픈 퀘이커 교도를 신대륙으로 보내 버리고 빚도 청산할 수 있으니 일거양득이었죠. 펜의 입장에서도 영국에서 눈치 보고 사느니 신대륙에서 퀘이커 교도들의 새로운 세상을 만드는 게 오히려 좋게 느껴졌어요.

○ **펜실베이니아 시청**
펜실베이니아 시청 건물 꼭대기에는 약 11m 높이의 '윌리엄 펜' 동상이 서 있다.

펜은 그 제안을 받아들이고, 배를 타고 대서양을 건너 1681년 어느 숲이 많은 땅에 도착합니다. 그리고 이 새로운 땅에 이름을 지어요. 바로 자신과 동명의 아버지 이름인 '펜Penn'과 숲의 라틴어인 '실바니아sylvania'를 합쳐 '펜실베이니아Pennsylvania', 즉 '펜의 숲'이란 뜻의 새로운 이름을 그 땅에 지어 줍니다. 우리가 알고 있는 펜실베이니아의 탄생이었습니다.

이건 꼭 기억하세요. 당시 윌리엄 펜이 만든 펜실베이니아는 다른 영국 식민지, 즉 버지니아와 뉴잉글랜드 등과는 전혀 상관이 없는 독립국인 윌리엄 펜만의 나라였어요. 펜실베이니아만의 의회도 만들고 윌리엄 펜 스스로 그 '펜실베이니아국國'의 지도자가 돼요. 이 펜실베이니아가 '미합중국'의 일원이 되는 것은 나중의 일입니다.

새로운 땅, 펜실베이니아에 정착을 한 윌리엄 펜은 '거룩한 실험holy experiment'이라고 불리는 노력을 합니다. 무슨 실험이었냐고요? 펜은 지상 낙원을 만들려고 했어요. 하나님 아래에서는 누구나 다 평등할 뿐만 아니라 모든 사람은 직접 하나님과 소통할 수 있다고 주장합니다. 그러니 하나님과 소통하는 과정에서 교회나 성직자 같은 '중계소'를 거칠 필요가 없다고 말하죠.

또한, 영국에서 가족들을 데리고 왔는데 돈이 없다면 그들에게 무상으로 땅을 나눠 주었습니다. 펜은 그 어떤 형태의 전쟁도 반대했고, 노예제를 금지했습니다. 실제로 퀘이커 교도들은 나중에 베트남

전 반전 운동과 남북전쟁 시기 흑인의 노예 해방 운동을 주도합니다.

윌리엄 펜은 이런 '거룩한 실험'을 이끄는 중심 마을 하나를 만들어요. 그리고 그 마을 이름도 참 멋지게 짓습니다. 바로 '사랑'이란 뜻의 그리스어 '필로스philos' 그리고 '우정'이란 뜻의 그리스어 '아델포스adelphos'를 합쳐 '필라델피아Philadelphia'란 이름을 새로운 마을에 붙여 줍니다. 현재까지도 필라델피아는 형제애를 상징하는 도시로 남아 있습니다.

뉴욕의 탄생

지금까지는 영국인들의 '북미 대륙 땅따먹기' 이야기였습니다. 그런데 이 북미 대륙에 관심을 가졌던 건 영국인만이 아니었어요. 축구 국가대표팀을 이끌었던 거스 히딩크 감독의 고향 네덜란드도 이 무주공산에 관심을 가지기 시작했어요. 그러니까 영국인들이 버지니아 땅에서 제임스타운 만들기에 한창일 1609년, 헨리 허드슨Henry Hudson이란 이름의 한 영국인이 네덜란드 선박을 타고 대서양 연안을 탐사하다 어떤 강을 발견합니다. 그 강을 따라 내륙 쪽으로 들어가 보니 유럽인들의 발길이 닿지 않은 꽤 괜찮은 땅이 나옵니다. 그 새로운 땅은 그 선박의 주인이었던 네덜란드가 차지하게 돼요.

바로 지금의 '뉴욕'입니다. 그리고 그 강은 처음 발견한 영국인의 이름을 따서 허드슨강Hudson River이라 불리게 되었습니다. 기억하시죠? 영화 〈설리: 허드슨강의 기적SULLY〉이요. 톰 행크스가 주연했던 영화요. 뉴욕 공항에서 출발한 한 여객기가 이륙 직후 새 떼와 충돌해 허드슨강 위에 비상착륙을 한 실화를 그린 영화입니다. 혹시 못 보신 분들은 꼭 한번 보세요. 현재 뉴욕과 허드슨강의 모습을 잘 보여 주는 영화랍니다.

허드슨강과 현재의 뉴욕을 발견한 네덜란드인들은 1624년, 허드슨강 중간에 있는 넓은 섬에 네덜란드 정착촌을 세웁니다. 이들은 정착촌을 만들 때 현지 원주민들에게 이 섬의 이름을 물어봤어요. 원주민은 '맨해튼Manhattan'이라고 대답했습니다. 원주민 언어로 맨해튼은 '언덕이 있는 섬'이란 뜻이었습니다. 네덜란드인들은 이 섬을 원주민에게 돈을 주고 매입합니다. 얼마를 주고 매입했을까요? 놀랍게도 약 24달러, 현재 환율로 우리나라 돈 약 3만 원 정도를 건네고 현재의 맨해튼을 거의 날로 가집니다.

맨해튼을 접수한 네덜란드인들은 '뉴암스테르담New Amsterdam'이라 이름 짓고 그곳에 본격적으로 네덜란드 정착촌을 만듭니다. 암스테르담이 당시 네덜란드 수도였기에 신대륙에 '새로운 네덜란드'를 만들었다는 의미였습니다. 꼭 기억하세요. 이때 생긴 뉴암스테르담, 즉 맨해튼은 당시 주변 영국 식민지나 미국과는 전혀 관계없는 네덜란드 식민지였습니다.

뉴암스테르담은 모피 교역의 중심지가 됩니다. 위치가 예술이거
든요. 허드슨강 하구에 위치해 내륙과 바로 앞에 있는 바다, 즉 대서
양을 잇는 역할을 했기 때문입니다. 당시 네덜란드인들은 원주민들
과 주로 모피 교역을 했는데, 원주민들이 모피를 가지고 뉴암스테르
담에 오면 거래 후 바로 모피를 배에 싣고 유럽으로 출발할 수 있었
습니다. 당연히 섬에 건물들이 들어서면서 번화가가 형성되고, 장사
를 위해 네덜란드 본국에서 건너오는 본국인들을 위한 거주지도 생
기는 등 점점 도시의 모양새를 띠기 시작했습니다.

그리고 이곳에 부동산 업자들이 몰려왔습니다. 본국과 비교해 거
의 거저와 같은 건축 비용으로 더 화려한 주택들을 지어 놓고 본국
인을 상대로 분양해서 돈을 벌기 위함이었죠. '네덜란드의 원룸 월
세 금액이면 뉴암스테르담 100평 단독 주택을 자가로 구매하실 수
있습니다! 이제 떳떳하게 동사무소에서 등기부등본을 뗄 때가 되었
습니다! 신대륙에서 내 집 마련, 어떠세요?'라고 홍보했어요. 얼마나
구미가 당깁니까? 당연히 반응은 환상적이었어요.

그런데 이렇게 화려한 도시로 거듭나던 뉴암스테르담을 눈여겨보
던 사람들이 있었어요. 바로 주변의 해적, 인디언 그리고 영국인이었
습니다. 그중 시도 때도 없이 맨해튼에서 약탈을 일삼는 영국인들을

보던 네덜란드인들은 섬 주변에 벽wall을 세워 버렸어요. 나중에 그 벽을 세운 자리에 들어선 것이 바로 우리에게 너무나도 익숙한 맨해튼의 월스트리트Wall Street, 월가입니다. 하여간, 영국의 눈에는 자신의 영역에서 깔짝거리는 네덜란드가 그렇게 눈엣가시가 아닐 수 없었어요. 두 나라가 신경전을 계속하다 결국 대서양에서 전쟁까지 일으킵니다. 그것이 바로 1652년 5월 19일에 발발한 '영국-네덜란드 전쟁(영란전쟁)'입니다.

'영'은 알겠는데 '란'은 뭐냐고요? 네덜란드를 한자어로 '화란和蘭'이라고 해요. 화란의 '란'을 딴 것이지요. 이 전쟁의 결과는 네덜란드의 참패였습니다. 승기를 잡았다고 생각한 당시 영국의 왕 찰스 2세 Charles II는 동생 요크York에게 대서양 연안의 영토를 떼어 줍니다. 문제는 그 떼어 준 땅 안에 뉴암스테르담이 포함되어 있었다는 것이었죠. 영국이 의도적으로 네덜란드를 도발한 겁니다.

승기를 잡은 영국은 바로 다음 도발에 들어갑니다. 1664년 8월 9일 영국 군함이 바로 뉴암스테르담, 즉 맨해튼 앞바다에 나타난 겁니다. 그리고 영국 해군을 당해 낼 수 없었던 뉴암스테르담의 네덜란드인들은 저항 한 번 하지 않고 영국에 백기를 듭니다. 뉴암스테르담이 영국 땅이 되는 순간이었습니다. 뉴암스테르담을 점령한 영국인들은 바로 지역의 이름을 바꿉니다. 서류상으로는 그 땅 명의가 찰스 2세 국왕의 동생 요크 공작(제임스 2세) 앞으로 되어 있다 보니

○ 〈제임스 왕자〉,
사이먼 루티후이스, 1660
뉴욕의 이름은 찰스 2세의 동생인 제임스
2세의 작위 '요크' 공작에서 유래했다.

'뉴암스테르담'에서 '뉴요크'로 이름을 변경합니다. 현재의 뉴욕New
York이 탄생한 유래입니다. 뉴욕 양키스New York Yankees란 미국 야구팀
이 유명하죠? '양키Yankee'란 표현 자체가 뉴욕 지방에 원래 살던 네
덜란드계 주민을 부르는 별명이었답니다. 당시 네덜란드 이름 중 가
장 흔한 이름이 얀 카스Yan Kaas였는데 그것이 '양키'가 되었다는 것
이 가장 흔한 설입니다.

필라델피아 Philadelphia

개봉   1993년
장르   드라마
감독   조나단 드미

할리우드 영화 중 동성애와 에이즈를 본격적으로 다룬 최초의 영화랍니다. 영화 속 주인공 앤드루 베킷은(톰 행크스) 필라델피아 최고의 로펌에서 일하는 유능한 변호사입니다. 막중한 소송을 진행하던 중에 자신이 에이즈에 걸린 사실을 알게 됩니다. 그는 어쩔 수 없이 자신이 에이즈에 걸린 사실을 숨기면서 소송을 준비하지만, 날이 갈수록 병색은 짙어져만 갑니다.

어느 날, 앤드루가 혼을 갈아 넣어 만들었던 소송 문건이 갑자기 사라지는 일이 발생하고 로펌은 그를 해고합니다. 절망에 빠진 앤드루는 회사를 상대로 싸우기로 결심하고 자신의 라이벌 변호사 조 밀러(덴젤 워싱턴)를 찾아가게 됩니다. 조는 자신에게 소송 의뢰를 하는 의뢰인이 에이즈 환자였기 때문에 소송 의뢰를 거절했지만, 이내 '이건 공정하지 않다'란 생각에 그의 의뢰를 받아들이고 소송에 들어가요. 그리고 앤드루가 해고당한 것은 변호사로서 능력이 부족해서가 아니라 에이즈 때문이었고, 직원이 아파서 해고하는 것은 법에 어긋난다는 판결을 얻어냅니다.

그럼 이 영화의 배경이 뉴욕, LA가 아닌 필라델피아였을까요? 이 영화가 개봉된 1990년대 초반만 해도 미국에서 동성애자와 에이즈 환자는 편견과 멸시의 대상이었어요. 감독은 이들을 향한 차별과 편견을 깨기 위해 형제애의 도시 필라델피아를 배경으로 했던 겁니다.

2장

독립 혁명과 미국의 탄생

1754~1790

미국의 독립

1754
프랑스 인디언 동맹 전쟁
발발하다.

1763
프랑스,
북미 대륙 오대호 동부
지역 식민지를 영국에
넘기다.

1773
보스턴 차 사건 발생하다.

1776
13개 주 식민지 대표들,
필라델피아에서 독립선언서를
발표하다.

1789
미국 초대 대통령
조지 워싱턴 취임하다.

1790
연방의회,
포토맥 강변(오늘날의 워싱턴 D.C.)에
수도를 세우기로 하다.

캐나다를 발견한
프랑스인들

지금 캐나다에서는 영어와 프랑스어를 공용어로 쓰지요? 그래서 캐나다가 영국 식민지였다고 생각하시는 분들이 많은데, 사실 캐나다의 식민지 역사는 프랑스로부터 시작되었습니다. 지금의 캐나다 땅에 처음 도착한 프랑스인은 자크 카르티에Jacques Cartier란 탐험가였어요(참고로 명품 '카르티에'와는 전혀 관계가 없습니다).

1534년, 카르티에는 대서양을 건너 지금의 캐나다 동부 연안에 도착합니다. 도착한 해변에 십자가를 확 꽂아 버리고는 이곳은 지금부터 프랑스 땅이라고 선언해 버립니다. 이후 카르티에는 강을 따라 내륙 깊숙이 들어가, 그 내륙도 모조리 프랑스령이라고 선언합니다.

물론 당시에 그곳에도 원주민들이 살고 있었기에 그의 행동은 원주민으로선 말도 안 되는 일이었죠.

카르티에가 프랑스령이라 선언한 지역이 바로 지금의 캐나다 퀘벡Quebec 지방입니다. 그래서 캐나다에서는 대부분 영어를 쓰지만 퀘벡에서는 아직도 프랑스어를 씁니다. 퀘벡의 중심 도시 몬트리올Montreal에는 중앙 광장이 있는데요. 바로 '자크 카르티에 광장Place Jacques-Cartier'입니다. 프랑스어가 쓰인다는 걸 잘 알 수 있지요. 카르티에가 그 동네 원주민에게 이곳의 이름을 물었더니 원주민은 '카나다, 카나다'라고 대답합니다. 그래서 카르티에는 그곳의 이름이 카나다로 알고 그렇게 부르기 시작했어요. 사실 그곳 원주민 말로 '마을'이란 뜻이었거든요. 결국 그 카나다가 나라 이름인 캐나다Canada가 되었답니다.

자크 카르티에가 처음 캐나다 지역을 탐험한 이후에 캐나다는 프랑스인들의 기억에서 잠시 잊힙니다. 왜냐? 당시 프랑스 국내는 가톨릭에 반대하는 종교개혁파가 들고 일어났거든요. 가톨릭과 종교개혁 세력 간에 치고받고 싸우는 종교 전쟁, 즉 위그노 전쟁Huguenots Wars 때문에 아수라장이 된 상태였습니다. 그 전쟁이 어느 정도 마무리가 된 1608년, 프랑스 탐험가 사뮈엘 드 샹플랭Samuel de Champlain이 대서양을 건너 자크 카르티에가 십자가를 꽂아 놓고 간 지역에 본격적으로 프랑스인 정착촌을 건설하기 시작했어요. 그리고 그 프랑스인 정착촌 이름을 '공식적으로' 퀘벡이라고 부르기 시작했답니다.

그런데 문제가 발생했어요. 퀘벡의 겨울이 너무 추운 거예요. 퀘벡에서 북쪽으로 조금만 더 가면 바로 북극이니까요. 퀘벡의 프랑스인들은 따뜻한 남쪽으로 이동하기로 합니다. 그런데 내려가려고 보니까 대서양 동부 연안은 이미 영국인들이 식민지를 만들어 놓은 상태였습니다. 어쩔 수 없이 영국인들의 식민지를 피해 미시시피강 서쪽을 따라 남하하기 시작해요. 왜냐고요? 미시시피강 동쪽은 이미 영국인들이 다 차지했기 때문이지요. 미시시피강은 오대호 중 슈피리어호 서쪽에 있는 오늘날의 미네소타주에서 시작해서 남쪽 멕시코만까지 남북으로 흐르는 긴 강이랍니다.

이들은 미시시피강 서쪽을 따라 내려가다 아무도 살지 않는 듯한 거대한 공터를 발견합니다. 프랑스의 경쟁자인 영국인들도 아직 들어오지 않은 상태였고요. 그래서 그 공터를 프랑스가 차지하고, '루이지애나Louisiana'라고 부르기 시작했어요. 신대륙의 프랑스인들이 당시의 프랑스 왕, 루이 14세Louis XIV에게 잘 보이기 위해 땅 이름에 왕 이름을 붙인 겁니다.

이 부분도 꼭 기억해야 합니다. 당시 프랑스인들이 차지한 루이지애나는 지금 미국의 루이지애나주가 아니랍니다. 당시 루이지애나는 미시시피강 서쪽의 대부분인, 지금 미국의 약 30퍼센트나 차지하는 거대한 영토였습니다. 그걸 원주민들한테 물어보지도 않은 채 자기들 마음대로 프랑스 영토라 선언을 한 것이니 원주민으로서는 정말 어이가 없는 일이죠.

프랑스인들은 이 루이지애나 최남단의 미시시피강 강변에 정착촌을 만듭니다. 루이 15세의 섭정(국왕 대신 나라를 다스리는 사람)이기도 했던 프랑스 귀족 오를레앙공 필리프 2세 Philippe II, Duke of Orléans 의 이름을 따와 새로운 오를레앙이란 뜻의 '뉴 오를레앙 New Orléans'이란 이름을 붙입니다. 이곳이 지금 미국의 '뉴올리언스 New Orleans'입니다. 지금도 뉴올리언스에 가보면 서울 방배동 서래마을과 같은 프랑스 타운이 남아 있어요.

자, 북미 대륙에 영국과 프랑스 식민지가 본격적으로 자리를 잡기 시작했어요. 문제는 영국과 프랑스는 아주 오랫동안 원수 겸 라이벌 관계였다는 것이지요. 이곳에서 과연 그들은 사이좋게 지낼 수 있었을까요? 당연히 아닙니다. 북미 대륙의 주인 자리를 겨루는 영국과 프랑스의 한판 대결이 코앞으로 다가오고 있었습니다.

영국과 프랑스의
한판 대결

　미국에는 북에서 남으로 길게 흐르는 미시시피강이 있습니다. 1700년대 초반에는 미시시피강을 기준으로 오른쪽이 영국 식민지, 왼쪽이 프랑스 식민지였어요. 영국은 원주민과 싸우면서 오른쪽의 식민지를 차지했지만, 프랑스는 황당하게 차지했다고 앞에서 말씀 드렸죠? 그 광활한 땅을 그냥 '지금부터 이 넓은 땅은 그냥 프랑스 영토로 하고, 이름은 우리 왕 루이 14세의 이름을 따서 루이지애나 라고 한다'라고 선언했습니다. 프랑스 본국도 새로 만든 '루이지애 나'란 땅이 얼마나 되는지 정확히 몰랐을 정도였습니다.

　대서양 연안에서 한창 식민지를 건설하던 영국은 미시시피강 왼

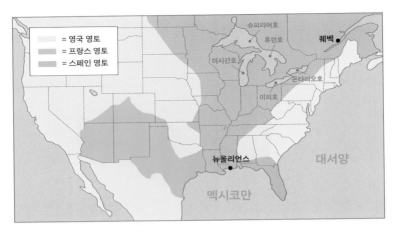

○ 1700년대 초반의 북미 대륙
　당시 북미 대륙은 영국, 프랑스, 스페인의 식민지로 나뉘었다.

쪽에서 프랑스가 루이지애나를 만들거나 말거나 전혀 신경을 쓰지 않
았습니다. 당시만 하더라도 미시시피강 왼쪽은 대서양 연안에서 너무
멀어서 프랑스가 뭘 하든 그건 정말 남의 나라의 일 때문입니다.

　그런데 문제가 슬슬 생기기 시작했어요. 영국에서 사람들이 점점
대서양 영국 식민지로 이주하기 시작해 땅이 부족해집니다. 당연하
게 영국은 눈을 서쪽, 그러니까 프랑스 식민지 루이지애나 쪽으로
돌리기 시작했어요. 그 결과 영국과 프랑스는 작은 신경전을 벌이
다가 지금의 오하이오(원주민어로 큰 강을 의미)에서 결국 충돌하고 맙
니다.

　왜 오하이오였을까요? 지도를 한번 보시죠. 오대호라고 불리는 큰

호수 다섯 개가 보이죠? 그 바로 밑이 당시 오하이오 계곡이라고 불리던 곳이었는데 북부 프랑스령 캐나다에서 남쪽에 있는 루이지애나로 가려면 꼭 이곳을 통과해야 했어요. 그런데 갑자기 이 프랑스령 오하이오 계곡으로 영국인들이 마구 몰리기 시작했습니다. 영국인들이 오하이오 계곡에 진출해 마을을 꾸미고 살 수 있도록 영국 정부가 요즘으로 치면 인증서까지 발급했거든요.

이에 당연히 프랑스는 부당한 영토 침범이라고 격분합니다. 결국 1754년, 영국과 프랑스는 오하이오 계곡에서 싸웁니다. 이것이 역사에 기록된 프랑스 인디언 동맹 전쟁French and Indian War입니다. 프랑스는 알겠는데 왜 갑자기 인디언이 나올까요? 이를 이해하기 위해서는 당시 영국과 프랑스가 원주민을 대했던 태도를 알아야 합니다.

영국은 앞에서 말씀드린 것과 같이 기본적으로 원주민들을 죽이면서 무력으로 영토를 넓혀 나갔어요. 반면 프랑스는 원주민과 물물교환을 하면서 원주민을 '무역의 대상'으로 여겼답니다. '인간'으로 여긴 것이죠. 자 이때 갑자기 영국과 프랑스가 전쟁을 시작합니다. 여러분이 원주민이라면 어느 나라의 편에 서겠습니까? 당연히 프랑스 쪽이죠. 물론 영국, 프랑스 둘 다 침략자이지만 원주민들은 이왕이면 자신들을 사람으로 대하는 프랑스의 편에 섭니다. 그리고 영국과 맞서 싸웠어요. 그래서 이 전쟁을 '영프 전쟁'이 아니라 '프랑스 인디언 동맹 전쟁'이라고 부릅니다.

전쟁 초반에는 프랑스가 연전연승을 거뒀어요. 당시 캐나다 퀘벡 지역엔 프랑스 정규군이 있었던 반면, 영국 식민지엔 정착민들이 어설프게 조직한 오합지졸들뿐이었기 때문이죠. 이때 알아 두면 좋은 사실이 하나 있습니다. 전쟁 초반, 프랑스군의 공격에 거의 죽다 살아난 22세의 새파란 영국 식민지군 장교가 있었는데요. 바로 조지 워싱턴George Washington입니다. 맞습니다. 나중에 미합중국의 초대 대통령이 되는 그 조지 워싱턴입니다. 당시 이 전쟁에 젊은 장교로 참전해 고생을 많이 했어요.

전쟁이 계속되면서 영국 본국도 '오하이오 계곡 전투'의 중요성을 깨달았답니다. 이곳을 확보하지 않는 이상 대륙 서쪽으로 진출할 수 없음을 알았던 것이죠. 이에 영국 정부는 1759년부터 본국에서 대규모 원정군을 보내기 시작합니다. 이렇게 대서양을 건너 영국 정규 원정군이 도착하면서 본격적인 진검승부가 시작됩니다. 영국 대 프랑스·원주민 연합의 전투가 일승일패를 거듭하며 지속되자 영국은 프랑스 식민지의 심장부인 퀘벡을 점령하자고 전략을 바꿨습니다. 일반 전쟁에서 상대국의 수도를 점령하는 것과 같은 전략이지요.

1759년 9월, 퀘벡에서 영국과 프랑스의 운명을 건 일전이 벌어집니다. 퀘벡은 당시 굳건한 성과 절벽으로 둘러싸여 있었는데, 독을 품은 영국군들은 이 절벽을 기어코 기어 올라가 퀘벡을 함락시킵니다. 퀘벡이 영국에 넘어가면서 영국 쪽으로 승기가 기웁니다. 그리고 1년 후, 1760년에 프랑스령 캐나다 제2의 도시, 몬트리올도 영국에 넘어가면서 결국 프랑스는 백기를 듭니다. 1763년, 프랑스는 캐나다 전체를 포함한 모든 아메리카 대륙 식민지를 영국에 넘긴다는 항복 문서에 서명합니다.

그 시점부터 캐나다는 영국 식민지가 되고, 주민들은 프랑스어가 아닌 영어를 공용어로 쓰기 시작합니다. 물론 퀘벡은 아직 프랑스어를 쓰지만요. 영화 〈타이타닉Titanic〉의 주제가를 불렀던 셀린 디옹Celine Dion도 퀘벡 출신이랍니다. 예, 맞아요. 셀린 디옹의 모국어는 영어가 아니라 프랑스어예요.

이 프랑스 인디언 동맹 전쟁은 미국사에서 엄청난 의미가 있습니다. 물론 프랑스령 캐나다를 영국이 지배하게 된 것도 큰 의미가 있지만, 더 중요한 의미가 있어요. 이 전쟁은 기본적으로 프랑스군과 본국에서 건너온 영국군 간의 싸움이었어요. 영국 식민지 주민들은 사실상 불구경만 하는 상황이었습니다.

하지만 여러분들도 아시다시피 세상엔 공짜가 없어요. 피를 흘려가며 전쟁을 치른 영국 본국은 정산의 필요성을 느꼈답니다. 전쟁에 들어간 비용을 슬슬 영국 식민지 주민들에게 청구하기 시작한 겁니다. 너희들 때문에 전쟁을 했으니까 돈 내놓으라는 논리였습니다. 그럼 식민지 주민들이 기뻐했을까요? 그렇지 않습니다. 오히려 이를 계기로 영국 본국과 식민지 사이는 점점 불편해지고, 프랑스 인디언 동맹 전쟁은 미국 독립의 불씨가 됩니다.

미국 독립의
서막

정부가 돈이 부족할 때 가장 빨리 돈을 확보하는 방법은 무엇일까요? 바로 '세금 더 거두기'입니다. 영국 정부는 프랑스와의 전쟁으로 쓴 돈을 메꿔야 했습니다. 막상 본국 시민들에게 세금을 징수하자니 여론 악화가 불 보듯 뻔했어요. 결국 만만한 대서양 연안 영국 식민지 주민들에게 세금을 부과할 계획을 세웁니다.

영국 식민지 주민들은 세금 징수 소식에 당연히 반발합니다. 그도 그럴 것이 당시 영국 식민지 주민들은 영국 이민 1세대가 아니라 북미 대륙에서 태어나고 자란 이민 2세대, 3세대였어요. '영국인'이 아닌 '아메리카인'이란 정체성을 가지고 있었던 이들에게 갑자기 영국이 나타나 돈을 내라고 하니 황당했던 것입니다.

식민지 주민들의 반발에도 불구하고 영국 정부는 세금 징수를 강행합니다. 어느 정도였냐면, 말 그대로 그들의 일상에 만연한 생활용품 대부분에 세금을 부과했어요. 그중 가장 악명 높았던 세금은 바로 '인지세법Stamp Duty'이었어요. 우표부터 시작해서 종이로 만든 모든 제품에 세금을 매겼습니다. 심지어 부모가 죽기 전에 쓴 유언장 또한 종이로 만들었기 때문에 세금 부과 대상이었습니다. 이 말도 안되는 인지세 납부 요구에 식민지 주민들은 격분했습니다. '뭐? 우리 아버지 유언장에도 세금을 부과한단 말이야?'라며 반발한 것이죠.

결국, 식민지 주민들이 영국 세무서 직원들을 폭행 테러하는 사건이 발생합니다. 이어 1770년 3월, 식민지 보스턴 주민들과 영국군이 충돌해서 보스턴 주민 다섯 명이 영국군의 총에 맞아 죽는 일까지 발생해요. 이에 격분한 보스턴 주민들은 이 사건을 '보스턴 대학살Boston Massacre'이라고 불렀습니다. 희생자 장례식에는 보스턴 주민 약 1만 6000명 가운데 무려 1만 명가량이 참석해 반영 시위를 벌였습니다. 이렇게 영국 본국에 반발하는 분위기가 점점 커지자 놀란 영국 정부는 인지세를 일단 폐지합니다. 그렇다고 해서 한번 시작된 '반영反英 운동' 분위기를 되돌리기에는 역부족이었습니다.

이런 가운데 결정적인 사건이 발생합니다. 1773년 12월 16일, 식민지 주민 청년들이 보스턴 항구에 정박 중이던 영국 무역선에 몰래 올라가 배에 실려 있던 '차茶' 상자를 모조리 바다에 버리고 배 위에서 신나게 파티를 엽니다. 이것이 이른바 미국 독립의 신호탄이라고 불리는 '보스턴 차 사건Boston Tea Party'입니다.

자, 왜 이런 일이 벌어졌는지 설명해 드릴게요. 당시 영국 본국과 마찬가지로 영국 식민지 주민들 또한 차를 즐겨 마셨습니다. 차는 대부분 영국 본국에서 수입하는 상황이었지요. 그런데 영국 정부는 갑자기 1773년, 영국 소속의 한 회사(동인도 회사)에게 식민지에 차를 팔 수 있는 권리를 독점으로 주고, 심지어 면세 특혜까지 주었습니다. 그전까지만 해도 영국 식민지의 수많은 차 밀수업체들이 몰래

○ 〈보스턴 차 사건〉, 존 앤드루, 1856
　1773년 12월 16일에 일어난 보스턴 차 사건은 미국 독립전쟁의 도화선이 되었다.

영국에서 물건을 떼서 식민지에 팔던 상황이었어요. 당연히 그 밀수업자들은 영국 정부에 세금 한 푼도 내지 않고 돈을 벌었습니다. 그걸 알게 된 영국 정부가 의도적으로 이런 조치를 한 겁니다.

아시겠지만, 모든 물건은 한 회사가 독점하기 시작하면 문제가 생깁니다. 그리고 그 피해는 소비자들이 받고요. 생각해 보세요. 전 국민이 먹는 필수품인 설탕을 어떤 외국 회사 하나가 독점해서 가격을 확 올리고, 파는 양도 마음대로 한다면 기분이 좋을까요? 당연히 화가 납니다. 당시 영국 식민지가 딱 그런 상황이었어요. 식민지 주민들도 차를 마셔야 하는데 영국이 이렇게 장난질을 하기 시작했으니까요. 이에 대한 항의 표시로 1773년 12월, 일부 보스턴 젊은이들이 영국 상선에 올라 영국산 차를 바다에 던집니다.

영국 정부는 당연히 가만있지 않았어요. 식민지 주민들이 버려진 찻값을 다 물어 줄 때까지 보스턴 항구를 폐쇄하겠다고 발표합니다. 당연히 식민지 주민들은 이런 조치를 '참을 수 없는 법Intolerable Acts'라고 부르며 격렬히 반발합니다. 영국도 이번엔 그냥 넘어가지 않습니다. 이 조치를 실행하기 위해서 영국 본국에서 수많은 정규 군대가 식민지로 넘어옵니다. 식민지 주민들과 영국 본국은 점차 서로 돌아올 수 없는 다리를 건너기 시작합니다.

마침내
독립을 선언하다

보스턴 차 사건 이후, 식민지 주민들과 영국 본국 간의 갈등은 점점 깊어졌습니다. 그렇게 양측의 긴장이 극에 달하던 1775년 4월 19일 아침, 보스턴 근교 렉싱턴Lexington에서 식민지 주민들로 구성된 민병대와 영국군 간에 첫 무력 충돌이 벌어졌어요. 이 충돌에서 영국군이 쏜 총에 맞아 민병대 여덟 명이 전사합니다. 전투 소식을 들은 근교 민병대들이 몰려왔고 주변 지리를 잘 모르는 영국군 병사들은 우왕좌왕하다 결국 대패합니다. 하루 동안의 전투에서 민병대 49명, 영국군 73명이 전사합니다. 이것이 바로 미국 독립전쟁의 시작을 알리는 렉싱턴과 콩코드 전투The Battle of Lexington and Concord 입니다.

렉싱턴과 콩코드 전투 이후 식민지인들은 이제 영국과 본격적인 전투에 돌입합니다. 그리고 이어 소집된 식민지의 대륙회의는 앞서 오하이오 계곡에서 죽을 뻔하다 살아난(실력이 없어서 패배한 것이 아니라 당시 프랑스군은 막강했습니다) 장교 조지 워싱턴을 식민지 대륙군 Continental Arm의 총사령관에 임명합니다.

그런데 여러분, 좀 이상하지 않나요? 영국군과 본격적으로 한판 붙은 때가 1775년인데 막상 식민지 주민들이 독립 선언을 한 건 그 1년 후인 1776년이었거든요. 왜 1년이나 독립 선언을 주저했던 것일까요? 사실, 모든 식민지 주민들이 독립을 원한 건 아니었습니다. 상당수의 주민은 그냥 영국에 경고만 하고 넘어가자고 주장했습니다. 심지어는 식민지 주민인데도 영국군에 지원해서 식민지 대륙군과 싸운 이들도 꽤 있었어요.

이때 식민지에서 책 한 권이 출간됩니다. 토머스 페인Thomas Paine 이란 사람이 쓴 《상식Common Sense》이란 책이었답니다. 책의 요지는 간단했어요. 군주정, 귀족정, 민주정이 혼합된 영국식 정체를 유지하기보다는 영국으로부터 독립해서 진정 자유롭고 민주적인 공화적 정체를 지닌 국가를 건설할 것을 주장했던 것입니다. 그 책 한 권으로, 영국의 식민지로 지내는 게 낫다고 주장하던 사람들이 생각을 바꾸기 시작했어요.

○ 미국 독립선언서

1776년 필라델피아에서 발표한 독립선언
서는 의장을 비롯해 총 56명이 서명함으
로써 완성되었다.

　드디어 1776년 7월 4일, 형제애의 도시 필라델피아에 신대륙의
13개 식민지 대표들이 모입니다. 그리고 독립선언서를 발표하면서
미국의 독립을 선언했답니다. 이로써 미국이 탄생했습니다. 그런데
독립을 선언했다고 영국이 반겼을 리가 없지요. 영국은 세계 최강
영국 전함 130척, 영국 정예군 3만 명을 신대륙으로 급파합니다. 당
시 미 대륙군(13개 식민지군)은 총 1만 5000명 정도로 영국군의 딱 절
반 정도의 규모였어요.

　더 큰 문제는 이들이 훈련이 전혀 안 되어 있던 오합지졸이었다는
사실입니다. 한자리에 모여 훈련을 받은 적도 없고 한 사령관 밑에
서 싸워 본 경험도 없었던 반면 바다 건너 넘어오는 영국군은 당시

세계 최강 정예 부대였던 것이었죠. 영국 정예군이 도착하자마자 대륙군은 연전연패를 당합니다. 총사령관 조지 워싱턴도 어쩔 수 없이 계속 후퇴를 거듭해요. 이대로 전쟁이 끝났다고 하면 오늘날의 미국은 없었겠지요.

그때 기적 같은 일이 일어납니다! 갑자기 프랑스가 영국을 향해 선전포고하고 대륙군 편에 선 것이죠. 프랑스가 갑자기 왜 등장하냐고요? 프랑스는 프랑스 인디언 동맹 전쟁에서 영국에게 대패하고 당시 프랑스 식민지였던 캐나다 퀘벡을 영국에게 빼앗겼잖아요. (p.53~58) 이제 그 복수의 시간이 온 것이죠. 고전을 면치 못하던 조지 워싱턴과 대륙군은 프랑스라는 천군만마를 얻습니다. 프랑스는 대륙군에게 무기 제공은 물론이고 직접 파병까지 해서 영국과 맞서 싸웁니다. 영국군은 지리도 제대로 모르는 신대륙 전쟁터에서 '지리를 완전 잘 아는' 대륙군과, 대륙군을 지원하는 프랑스군에게 점점 밀리기 시작합니다.

나중의 이야기이지만 결과적으로 프랑스가 미국 독립에 엄청난 도움을 주었잖아요? 그래서 미국 독립 100주년 기념으로 나중에 프랑스가 미국에 선물한 것이 지금 뉴욕 앞바다에 서 있는 '자유의 여신상'이랍니다. 프랑스가 미국에 준 선물이에요.

다시 이야기로 돌아와서, 아무리 세계 최강이라고 불리는 영국이

○ 파리 조약 체결 후 북미 대륙
파리 조약 체결로 미국의 영토는 대서양 연안에서 서쪽 미시시피강에 이르는 지역으로 확장된다.

라고 해도 여러 나라와 싸우다 보니 쉽게 결판이 나지 않습니다. 이 전쟁은 무려 7년간 계속됩니다. 결국 프랑스의 중재로 신생 미국과 영국이 파리에서 조약을 맺습니다. 영국은 미국의 독립을 조건 없이 승인하고, 남북으로는 캐나다 국경부터 플로리다와의 경계선까지, 동서로는 대서양 연안에서 서쪽 미시시피강에 이르는 지역을 미국의 영토로 인정합니다. 이것이 바로 1783년 영국과 미국 간에 체결한 파리 조약Treaties of Paris이랍니다.

파리 조약이 체결된 후 드디어 미합중국이 영국으로부터 정식으로 독립하고 새로운 국가로 거듭났습니다. 미합중국the United States of America이 정식으로 세계 무대에 등장한 순간이기도 했지요.

워싱턴 D.C.를
수도로 정하다

    정식으로 영국으로부터 독립한 미국은 처음엔 대서양 연안 13개 주로 시작했어요(현재는 50개 주가 있습니다). 파리 조약을 통해 독립을 이끈 영웅은 누가 뭐래도 총사령관 조지 워싱턴이었답니다. 조지 워싱턴은 파리 조약이 체결되자 고향으로 내려가 쉬려고 했습니다. 그런데 가만 보니 이 13개 주의 헌법이 제각각이라 '하나의 나라'라고 하기에 문제가 있는 겁니다. 전 국가적인 헌법이 필요하다고 주장한 그는 1787년 필라델피아에서 진행된 제헌 회의에 의장으로 참석합니다. 이후 헌법이 완성되자 드디어 할 일을 다 끝냈다고 생각해 고향으로 돌아갈 준비를 합니다. 그런데 이번엔 여론이 그의 발목을 잡습니다. 연방 헌법에 따라 행정부가 만들어졌는데 그 행정부를 이끌 적임자가 아무리 봐도 조지 워싱턴이라는 것이죠.

결국 그는 주위 사람들의 권고를 받아들여 연방 헌법에 따른 대통령 선출 방식에 따라 미합중국 초대 대통령이 됩니다. 미국 역사상 최초이자 유일하게 선거인단의 만장일치 투표로 대통령에 취임하는 기록도 남깁니다. 대통령이 된 조지 워싱턴은 1789년 4월 30일, 뉴욕 맨해튼에서 최초로 미국 대통령 선서를 합니다. 아니 잠깐만요. 워싱턴 D.C.가 아니라 뉴욕이라고요? 네, 맞습니다. 당시 미국의 수도는 뉴욕 맨해튼이었어요. 지금도 뉴욕 맨해튼에 가면 페더럴 홀Federal

○ 페더럴 홀
뉴욕 맨해튼 월 스트리트 26번지에 위치한 페더럴 홀. 조지 워싱턴의 동상이 서 있다.

Hall이라는 건물이 있습니다. 미국 초대 의회 건물인데 조지 워싱턴이 첫 대통령 선서를 한 역사적인 장소이지요. 나중에 뉴욕에 가시면 꼭 한번 방문하시길 추천합니다.

다시 이야기로 돌아와서 미국이 뉴욕을 수도로 정하고 첫 발걸음을 내딛으려는 찰나, 다시 새로운 문제에 직면합니다. 바로 뉴욕의 위치가 너무 북쪽에 치우쳤다는 겁니다. 13개 주 가운데 남부 지역 주들이 슬슬 불만의 목소리를 내기 시작했어요. "어이, 그거 수도가 너무 북쪽으로 치우친 거 아니요? 우리 남부 주에선 멀어서 못 가겠어"라는 불만의 목소리였습니다.

그래서 새 정부는 남부와 북부 중간 지점에 새롭게 수도를 세우기로 하고, 중간 지점에 사람이 별로 살지 않던 공터 하나를 찾아냅니다. 강가의 습한 늪지대였기 때문에 그 땅을 소유했던 주 정부도 부지를 제공했어요. 그래서 백악관은 나중에 대대적인 방수 공사를 하기 전인 1950년대까지 1층에서 계속 바닥에서 물이 스며 올라오는 문제로 고생했답니다. 결국 이곳을 그 어떤 주에도 소속되지 않는 '자치 도시'로 만들기로 했어요. 수도가 어떤 특정주에 소속되었을 때 그 주가 나중에 텃세를 부릴 가능성을 차단하기 위함이었죠.

1790년 본격적으로 이 늪지대에 새 수도 건설이 시작됩니다. 이제 새 수도의 이름을 정할 시간. 초대 대통령 조지 워싱턴을 기리기 위해 '워싱턴'이란 이름을 일단 붙이고 그 뒤에 D.C.란 타이틀을 하나 더 추가했답니다. 여기서 D.C.는 District of Columbia의 준말인데 우리 말로 번역하면 '콜롬비아 특별구'라는 뜻입니다. 콜롬비아는 당시 유럽 대륙에서 미국을 부르는 또 하나의 별명이었답니다. '크리스토퍼 콜럼버스'가 발견한 '콜럼버스의 땅'이란 뜻이었지요. 결국 미국 수도 이름은 초대 대통령 조지 워싱턴과 미대륙을 발견한 콜럼버스의 이름이 들어간 워싱턴 D.C.로 정해집니다.

이제 새 대통령 집무실을 만들 차례가 되었어요. 나중에 백악관이 되는 그 건물 말이지요. 조지 워싱턴이 부지를 정했고, 아일랜드 출신의 건축가 제임스 호번James Hoban이 설계했습니다. 1792년에 착공

○ 백악관
워싱턴 D.C. 펜실베이니아 거리에 위치한 백악관. 1800년 완공되었다.

해 1800년에 완공됩니다. 조지 워싱턴의 재임 기간 이후에 완공되어, 백악관에는 2대 대통령 존 애덤스John Adams가 처음으로 입주했습니다.

참, 백악관White House은 왜 백악관이 되었나, 궁금하지 않으세요? 나중에 또 언급하겠지만 1812년, 영국이 미국을 다시 침공하는 일이 일어나요. 그때 영국군은 대통령 집무실을 불태워 버립니다. 나중에 전쟁이 끝난 후 미국인들은 영국의 침공을 잊지 말자는 각오로 불탄 건물에 흰색 페인트칠을 해서 쓰기로 해요. 그래서 흰색 건물이라는 뜻의 백악관이 된 것이랍니다.

패트리어트 - 늪 속의 여우
The Patriot

개봉   2000년
장르   드라마
감독   롤랜드 에머리히

미국이 영국으로부터 독립하는 과정을 사실적으로 그린 수작입니다. 영화는 '늪 속의 여우'라는 별명을 가진 전쟁 영웅 '벤자민 마틴(멜 깁슨)'을 중심으로 이야기가 펼쳐집니다. 아내의 죽음 이후 가장의 삶을 충실히 살아가고 있는 벤자민. 어느 날 대륙군으로부터 독립전쟁에 참여하라는 요청을 받습니다. 벤자민은 아이들을 지키기 위해 거절하지만, 첫째 아들인 가브리엘(히스 레저)이 대륙군으로 참전해 영국군과 맞서 싸우다 다칩니다. 가브리엘을 추격하는 과정에서 벤자민의 집까지 들이닥친 영국군은 벤자민의 둘째 아들을 살해합니다. 벤자민은 자신의 가족을 지키는 방법은 다시 총을 잡고 영국군과 싸우는 수밖에 없음을 깨닫고 전쟁 속으로 다시 뛰어듭니다.

이 영화는 당시 영국군과 대륙군이 어떤 방식으로 전투를 벌였는지 잘 보여 줍니다. 특히 보병들이 좌우로 길게 줄을 서서 적진을 향해 걸어가고, 상대의 발포에 병사가 쓰러지면 뒷줄에 따라 걸어오던 병사가 쓰러진 병사의 빈자리를 채워 다시 적진을 향해 걸어가는 '전열보병' 전술이 잘 묘사됩니다. 독립전쟁이 어떻게 전개되었는지 궁금하신 분들에게 추천하는 영화입니다.

3장

끝없는 영토 확장

1803~1846

미국의 서부 개척

1803
미국, 프랑스로부터
루이지애나를 매입하다.

1806
나폴레옹, 유럽 전역에
'해상 봉쇄령'을 내리다.

1812
미영전쟁 발발하다.

1830
미국, 인디언 추방법을 제정하다.

1836
미국인들, 텍사스 공화국을 세우다.

1846
미국-멕시코 전쟁 발발하다.

미국의
루이지애나 매입

수도도 새로 만들었겠다. 신생 국가 미국은 슬슬 영토 확장에 관심을 가집니다. 대서양 쪽은 어느 정도 정리한 상태의 미국의 눈에 들어온 건 바로 미시시피강 유역이었어요. 미시시피강 건너 서쪽은 아직 프랑스가 루이지애나라고 부르며 자기 땅이라고 소유권을 주장하던 상황이었답니다. 예, 맞아요. 프랑스 인디언 동맹 전쟁에서 당시 영국은 프랑스로부터 지금의 캐나다 지역만 빼앗아 왔고 중부 지역의 거대한 땅덩어리 프랑스령 루이지애나는 여전히 프랑스가 차지하고 있었어요. 꼭 기억하세요. 이 시기의 루이지애나는 지금 미국의 루이지애나주와는 달라요. 당시 루이지애나는 지도에서 보시

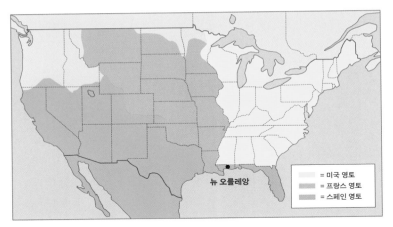

○ **미국의 루이지애나 매입**

　루이지애나 매입 당시의 북미 대륙. 미시시피강을 차지하고 싶던 미국은 프랑스로부터 루이지애나 매입이라는 제안을 받게 된다.

듯 남북으로 흐르는 미시시피강 서쪽 거의 모든 어마무시한 크기의 영토였지요.

　어쨌든 미국으로서는 이 미시시피강이 엄청 중요한 존재였어요. 고속도로도 비행기도 없던 당시에는 대륙을 남북으로 관통하며 흐르는 미시시피강이 물류 이동의 중심지일 수밖에 없었기 때문입니다. 마치 우리나라의 경부고속도로와 같은 역할을 한 것이랍니다. 이렇게 중요한 미시시피강을 확실하게 관리하기 위해 미시시피강 남쪽 하구에 있던, 당시 미시시피강 최대의 도시 뉴 오를레앙(뉴올리언스)을 차지해야 했어요.

　문제는 그 뉴 오를레앙이 당시 프랑스 소유였다는 사실입니다. 신생 국가인 미국으로서는 프랑스가 은인인 상황이었으니 난감했지요. 프랑스 도움이 없었다면 독립전쟁에서 이길 수 없었으니까요. 그래서 미국 정부는 뉴 오를레앙 침공 대신 협상 전략을 선택합니다. 좋은 가격을 제시할 테니 뉴 오를레앙을 미국에 팔라고 프랑스를 설득하기로 합니다.

1803년, 미국은 협상단을 프랑스 파리로 보냅니다. 당시 프랑스를 통치하던 사람은 나폴레옹 1세Napoléon I였습니다. 맞아요. 자기 사전에는 불가능이란 단어가 없다고 말한 그 아저씨요. 파리에 도착한 미국 협상단은 나폴레옹에게 "저기, 뉴 오를레앙 좀 파시면 안 되나요?"라고 조심스럽게 제안합니다. 뒤이어 나온 나폴레옹의 대답에 미국 협상단은 귀를 의심합니다. "어이, 미국 협상단. 쩨쩨하게 그 뉴 오를레앙 하나 사는 거보다 루이지애나 전체를 다 사는 것이 어떻소? 그냥 뉴 오를레앙과 루이지애나를 원 플러스 원으로 사요. 싸게 줄게"라고 말한 겁니다.

미국 협상단은 경악했어요. 또다시 강조하지만, 그 당시 루이지애나는 지금의 루이지애나주가 아니었습니다. 거의 북미 대륙의 3분의 1정도 우리가 미 중부 대륙이라고 부르는 그 땅 전체였답니다. 하지만 프랑스 본토에서 너무 멀어 관리가 힘들고, 거주민도 거의 없고, 농사하기도 힘든 허허벌판이었기 때문에 나폴레옹은 루이지애나를

○ 〈루이지애나에 게양되는 미국 국기〉,
투르 디 툴스트럽, 1904

미국의 루이지애나 매입을 알리는 국기 교대식이
1804년 3월 10일 거행되었다. 국기 교대식 100주
년을 기념해 제작된 그림으로, 프랑스의 삼색기
가 있던 자리에 미국의 성조기가 게양되고 있다.

힘들게 관리하는 것보다 돈 받고 파는 것이 더 이익이라고 판단했습
니다.

또한 나폴레옹은 당시 유럽 전역에서 정복 전쟁 중이었기 때문에
전쟁 자금도 필요한 상태였어요. 그래서 가격은 얼마를 제시했냐?
단돈 1500만 달러, 요즘 환율로 약 180억 원! 북미 대륙의 3분의
1을 단돈 180억 원에 말입니다. 미국 협상단은 나폴레옹이 변심하기
전에 빨리 서류에 도장을 찍자고 결심하고 본국과 상의도 없이 먼저
나폴레옹과 계약합니다.

1803년 4월 30일 서류에 도장이 찍히는 순간, 루이지애나의 소유
주가 미국으로 바뀝니다. 그와 동시에 미국의 영토가 갑자기 두 배

로 커집니다. 러시아 다음으로 세계에서 두 번째로 큰 나라가 되는 순간이기도 했습니다. 이제 대서양 연안의 조그마한 나라가 아닌, 북아메리카 대륙 절반을 차지하는 땅 부자 나라로 거듭납니다.

제2차 독립전쟁

자, 1800년대 유럽 상황을 한번 알아볼까요? 이 시기의 유럽에서는 나폴레옹 전쟁Napoleonic Wars이 한창이었어요. 프랑스의 나폴레옹이 영국과 러시아를 제외한 유럽 전역을 정복하고 박살을 낸 상태였지요. 영국도 프랑스와 일전이 불가피한 상황이었습니다. 프랑스와의 전쟁을 앞두고 영국은 일단 해군력을 키우기 위해 강제 징집을 시행합니다. 의무적으로 남자들을 영국 해군에 입대시켰어요.

나폴레옹은 영국의 강제 징집 소식을 듣고, 이에 타격을 주기 위한 수단으로 1806년 '해상 봉쇄령'을 내립니다. 유럽 대륙에서 영국으로 물건 싣고 가는 걸 다 막아 버린 거지요. 굶어 죽으라는 의도였어요. 영국 해군에 징집되어 온 병사들에게 줄 밥도 점점 그 질이 떨어지기 시작했고 급기야 급식이 중단되는 일까지 발생합니다. 당연히 탈영병들이 하나둘씩 생기기 시작했어요. 그럼 그 탈영병들이 어디로 도망갔을까요? 당연히 영국은 아니겠지요. 가면 잡히니까요. 탈영병 대부분은 미국으로 향합니다. 미국으로 가면 숨어서 살 수 있으리라 판단했거든요. 실제로 미국은 영국 탈영병들을 받아 줬고, 탈영병 상당수는 미국 해군으로 입대해서 군 복무를 계속했어요.

영국은 격분했습니다. 탈영병이 미국으로 도망친 것도 괘씸한데 심지어 미국 해군에 입대했습니다. 얼마나 화가 나겠습니까? 그러던 가운데 1807년, 대서양 공해에서 '큰' 영국 해군 군함 한 척이 근처를 지나던 '작은' 미국 해군 군함을 정지시킵니다. 미국 군함 안에 영국 탈영병이 있는지 확인해 봐야겠다고 영국 해군이 요구했거든요.

당연히 미국 군함은 '아니, 저것들이 아직도 우리 미국이 영국 식민지인 줄 아나'라고 강력하게 반발합니다. 여기서 영국 군함은 위협 함포 사격을 하지요. 미국 군함은 겁을 먹습니다. '여기는 대서양 한가운데이고, 함포를 맞으면 우리는 바로 고기밥이 된다'라고 겁을 먹은 거지요. 결국 울며 겨자 먹기로 승선을 허락합니다. 영국 해군은 미국 군함에 올라가 무작위로 네 명의 승조원을 영국 탈영병이라고 주장하며 영국 군함에 강제로 태우고 현장을 떠나 버립니다.

이 황당한 사건, 당연히 미 정부에도 보고됐고 미국 정부 관계자들은 격분했습니다. '아니, 아직도 우리 미국이 영국 식민지인 줄 아나? 나라 크기를 봐. 저 조그만 섬나라 영국이 말이야. 세계에서 러시아 다음으로 영토가 넓은 우리 미국을 무시했다, 이거지?'라고 성토한 것이지요.

이렇게 미국과 영국 간에 긴장이 고조되던 가운데 큰 사건이 하나 발생합니다. 당시 영토 확장에 한창이던 미국 정부가 미국과 캐나다 (당시 캐나다는 영국 식민지) 국경의 오하이오에 살던 원주민들을 쫓아냅니다. 우리 미국인들이 살아야 하니까 너희 원주민은 방 빼고 다른 데 가서 살라는 의미였어요.

하루아침에 터전을 잃어버려 미국에 이를 갈던 원주민들에게 캐나다 영국인들이 이렇게 말하며 접근합니다. "이봐요, 원주민들. 미국이 원수 같죠? 우리 캐나다 영국인들이 무기를 지원할 테니까 미국과 싸워 보시지 않을래요?" 실제 원주민들은 캐나다 영국인들로부터 무기 지원을 받고 미국과 게릴라 전투를 펼칩니다. 이들의 기세가 얼마나 등등했는지 일리노이 준주에 있었고 당시에는 디어본 요새Fort Dearborn라고 불리던 시카고가 원주민들에게 장악되기도 합니다.

이런 사실을 파악한 미국 정부는 분노에 휩싸입니다. 가뜩이나 캐나다 이놈들이 미국 위에 위치해 있어서 기분이 찝찝했는데, 아주

이 기회에 박살을 내겠다는 생각합니다. 실제 미군은 1812년 북쪽 영국령 캐나다를 침공합니다. 바로 미영전쟁War of 1812의 시작이었습니다. 미군의 기세는 대단했어요. 캐나다 주둔 영국군은 속수무책으로 미군에 당합니다. 오늘날 캐나다의 토론토까지 점령한 미군은 거의 토론토 전체를 불태웁니다. 이에 캐나다 영국인들은 영국 본국에 도움을 요청합니다. 당연합니다. 미국이 이렇게 대대적으로 침공할 줄은 몰랐으니까요. 이들은 한시라도 지원이 간절한데, 정작 본국 영국에서는 아무런 소식이 없었어요. 왜냐고요? 당시 영국은 나폴레옹과 맞서 싸우느라 정신이 없었거든요. 한마디로 '내 코가 석 자'라는 상황이었답니다.

이렇게 예상대로만 흘러가면 역사가 아니죠. 반전이 등장합니다. 승리할 줄만 알았던 프랑스의 나폴레옹이 유럽 전장에서 패전하기 시작한 것입니다. 영국에게 캐나다를 지원할 여유가 생긴 것이죠. 영국은 1814년이 되어서야 대규모의 지원군을 미국으로 보내요. 네? 캐나다가 아니라 미국으로요? 맞습니다. 영국의 목표는 미국의 수도인 워싱턴 D.C.였습니다. 미국이 캐나다의 토론토를 잿더미로 만들었으니, 그 복수로 영국은 미국의 수도 워싱턴 D.C.를 불태우겠다고 생각한 것이죠.

실제 워싱턴 D.C.에 상륙한 영국군은 바로 백악관과 미국 의회 건물에 불을 지릅니다. 앞에서도 언급한 것과 같이, 전쟁 후 워싱턴

D.C.에 다시 돌아온 미국 정부는 백악관을 다시 짓지 않고 흰색 페인트칠만 한 후 그냥 쓰기로 합니다. 이 치욕을 잊지 말자는 뜻으로요. 그때부터 대통령 집무실이 백악관이라고 불리게 되었습니다.

하여간, 미국을 침공한 영국은 쉽게 미국을 이기리라 생각했어요. 미국을 예전의 영국 식민지로 착각한 것이지요. 하지만 미군은 생각보다 강력했답니다. 수도 워싱턴을 제외하고 대부분의 전장에서 미군이 영국군을 상대로 승리를 거둡니다. 어느덧 미군은 세계 최강 영국군과 맞서 대등하게 싸울 수 있는 군대로 거듭났습니다.

미군의 전력에 영국은 당황합니다. 가뜩이나 지금까지 나폴레옹이 이끄는 프랑스군과 싸우느라 돈은 돈대로 쓰고 지칠 대로 지친 상태였는데, 미국과 언제 끝날지 모르는 전쟁의 늪에 다시 빠져 버릴 수 없었거든요. 미국도 독립전쟁을 치르고 가까스로 나라를 복구해 놓았는데, 또다시 전쟁한다는 것은 도무지 감당할 수가 없었습니다.

서로의 이해 관계가 맞아떨어진 두 나라는 1814년 12월 24일, 전쟁을 끝내자고 합의합니다. 합의 내용도 간단했어요. '우리 두 나라, 전쟁 이전 상태로 돌아가자!'가 끝이었어요. 이 전쟁이 끝난 후 미국의 사기는 하늘을 찔렀답니다. 당연하죠. 비록 무승부로 끝났지만, 세계 최강 영국군을 상대로 대등한 전쟁을 했기 때문입니다. 전쟁 이후, 승승장구하는 미국을 멈출 수 있었던 나라는 없었습니다.

서부 개척을
시작하다

1812년 미영전쟁을 무승부로 마무리한 미국은 과감히 영토를 북미 대륙 전체로 넓히려는 계획을 세우기 시작했습니다. 그 과정에 걸림돌이 하나 있었는데, 바로 원래부터 살고 있었던 원주민들이었습니다. 미국 정부는 이 원주민들을 어떻게 할지 고민하다, 1830년 말도 안 되는 법을 하나 만듭니다.

바로 '인디언 추방법The Removal Act'이었는데요. 말 그대로 강제로 원주민들을 쫓아내고 그 자리에 백인들이 거주하게 만드는 법이었습니다. 미국 정부는 이 법으로 대서양 연안 남동부에 살고 있던 원주민들을 미시시피강 서쪽으로 강제 이주시켰습니다.

원주민들은 당연히 반발했습니다. 백인들이 와서 정착하기도 전 수백, 수천 년 동안 살아온 터전을 하루아침에 갑자기 떠나라니요. 일부 부족들은 무력 저항을 했지만, 돌아오는 것은 미국 기병대의 잔혹한 보복뿐이었습니다. 강제 이주 명령을 받은 부족들 가운데 가장 비참했던 부족은 바로 '체로키족Cherokee'이었어요.

미국 남동부, 그러니까 지금의 미국 조지아주에 살았던 이 체로키족은 무려 1300킬로미터를 '걸어서' 이동하라는 명령을 받습니다. 이해하기 쉽게 비유해 보자면, 서울에서 부산까지의 거리를 걸어서 세 번 왕복하라는 것입니다. 그것도 포장도 안 되어 있는 산길과 강을 건너서요. 그냥 가다가 죽으라는 것과 마찬가지였습니다.

체로키족은 미국 연방 법원에 탄원도 해 보고 사방에 호소도 했지만, 미국 정부는 냉담했습니다. 무려 1만 6000명의 체로키족과 약 2000명에 달하는 그들의 노예들을 진짜 걷게 했습니다. 미국 정부는 이들이 중간에 도망가지 못하도록 군대까지 동원해 감시까지 했어요. 이렇게 많은 수의 사람들이 조지아에서 출발했는데, 목적지인 지금의 오클라호마주에 도착하고 보니 살아 도착한 사람은 1만 2000명 정도밖에 안 되었습니다. 무려 약 4000명의 체로키족이 걷다가 중간에 사망한 겁니다. 원주민들은 이 죽음의 여정을 지금도 '눈물의 여정Trail of Tears'라고 부르며 슬퍼합니다.

미국의 백인들은 급기야 이런 서부 개척과 원주민 탄압을 위한 말도 안 되는 이론까지 만들었답니다. 바로 '명백한 운명Manifest Destiny' 란 이론인데요. 백인들이 미개한 원주민들을 몰아내고 그 자리를 차지하는 이유는 신이 미국 백인들에게 주신 명백한 운명이기 때문이라는 것이었어요. 즉, '신이 주신 은총 덕분에 백인들이 원주민보다 종교적, 인종적으로 우월하다. 이 신대륙도 신께서 우리 우월한 백인들에게 주신 땅이다. 그러니 원주민 너희들은 나가라'는 이론이었습니다.

'명백한 운명'은 나중에 미국이 무력 침공을 감행하는 명분으로 작용함과 동시에, 그야말로 미국이 '제국주의'로 탈바꿈하는 계기가 됩니다. 참고로 '일본 제국주의', '미국 제국주의'라고 하는 이 '제국주의Imperialism'란 남의 나라를 빼앗아 그 나라의 영토와 자원을 빼앗고 그 나라를 식민지로 만들어 버리는 행위를 말합니다.

텍사스와
캘리포니아를 합병하다

자, 지금까지는 미국 영토 내 이야기였고 이제 본격적으로 '남의 땅 빼앗기'가 시작됩니다. 먼저 텍사스로 가볼까요? 미국이 본격적으로 서부 개척을 시작한 1820년대에는 텍사스가 엄연히 멕시코 영토였어요. 그러나 '서부로! 서부로!'를 외치며 서부로 몰려가던 미국인들이 텍사스로 불법 침범하기 시작합니다.

1830년대가 되면 텍사스의 미국 불법 체류자가 무려 3만 명이 넘는 상태가 됩니다. 멕시코 정부는 당연히 불법으로 자기 땅에 들어와 있던 미국인들을 추방하려고 합니다. 당연하지요. 이 불법 체류자들은 허가 없이 국경을 넘어온 것도 모자라 멕시코 정부에 세금 한

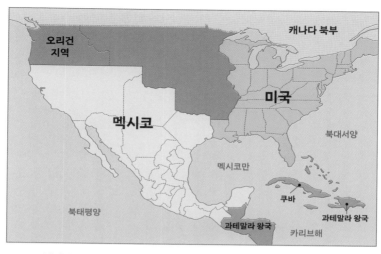

○ 1820년대의 아메리카 대륙
1820년대에 들어서자 미국은 본격적으로 서부 개척을 시도한다.

푼 내지 않고 농사를 짓고 있었거든요.

　미국 불법 이민자들과 멕시코 정부군 간의 첫 대규모 무력 충돌은 알라모 요새 Fort Alamo에서 발생합니다. 맞아요, 1960년에 미국에서 유명한 서부영화 〈알라모〉의 배경이 되기도 한 사건입니다. 1836년 2월 23일, 텍사스 알라모 요새를 지키던 '미국 불법 체류자' 180여 명이 멕시코 정부군과 교전을 벌이다가 전사합니다. 물론 사람을 죽이는 일은 결코 정당화할 수 없습니다. 그러나 멕시코 정부 입장에서는 명백히 자국 영토를 불법 침입한 외국인들을 강제 추방할 수밖에 없었답니다.

하지만 역사는 승자의 기록이라고 하지요? 각종 할리우드 영화들을 통해 많은 이들은 아직 이 알라모 사건을 '멕시코 악당들'이 소수의 '선한 미국인들'을 몰살시킨 사건으로 기억합니다. 실제 영화 〈알라모〉를 보면 알라모, 심지어 텍사스도 미국 영토로 묘사가 되는데, 이는 역사적 오류입니다. 당시 텍사스는 명백히 멕시코 영토였고, 당연히 알라모도 멕시코 소유였어요. 미국인들이 알라모에 불법 점거하던 상황이었습니다. 멕시코 정부는 당연한 주권을 행사한 것이었고요.

하여간, 알라모 요새에서 미국인들이 몰살당한 사건으로 텍사스에 거주하는 미국인들은 격분합니다. 이들은 '알라모를 잊지 말자! Don't forget! Alamo!'라는 구호를 외치며 멕시코 정부군과 치열한 교전에 들어갑니다. 역시 화력 면에선 미국인들을 이길 수 없었던 멕시코군은 점점 밀리기 시작했어요. 게다가 미국 본국에서도 텍사스의 미국인들을 지원하기 시작했어요. 결국 멕시코는 백기를 들고, 텍사스를 포기합니다.

신이 난 텍사스인들은 1836년 3월 2일, 그 땅에 '텍사스 공화국 Texas Republic'이란 독립국을 세웠답니다. 맞습니다. 텍사스는 처음에 독립국으로 시작했어요. 그러다가 나중에 1845년에 '미합중국'에 합병되면서 미국의 28번째 주state, 州가 되었답니다.

이런 거침없는 미국의 서부 진출에 멕시코 정부는 긴장합니다. 미국의 다음 목표는 또 다른 멕시코 영토인 캘리포니아가 될 것이 뻔했기 때문이지요. 예, 당시 캘리포니아도 텍사스처럼 멕시코 영토였습니다. 지금도 캘리포니아 지명, 도로명, 동네 이름들이 거의 다 스페인어로 되어 있는 이유이죠. 하여간 미국으로서는 캘리포니아를 확보해야 대서양부터 태평양까지 북미 대륙 전체를 차지할 수 있던 상황이었어요. 미국은 먼저 멕시코에 '말로' 설득하려고 합니다. 캘리포니아를 미국에 팔라는 제안이었어요. 멕시코는 그런 미국의 요구가 당연히 말도 안 되는 헛소리로 들렸습니다. 미국은 이미 멕시코와의 전쟁을 염두에 두던 상황이었거든요.

기세등등한 미국의 눈에 멕시코는 전쟁 상대로도 보이지 않았습니다. 실질적으로 당시 미군의 전투력은 멕시코는 상대가 안 될 정도로 월등했거든요. 대영제국 군대도 격퇴한 미군과 갓 스페인으로부터 독립한 어설픈 멕시코군은 처음부터 게임이 되지 않았습니다. 결국 1846년 5월 12일, 미국은 멕시코에 선전포고하고 멕시코 침공에 들어갑니다. 바로 '미국-멕시코 전쟁Mexican-American War'의 시작이었지요.

멕시코군은 치열하게 미군과 전투를 벌였지만 역부족이었습니다. 1847년 9월 17일, 결국 멕시코의 수도까지 미군이 점령하면서 멕시코는 전쟁에서 패합니다. 당시 멕시코 육군 사관생도 여섯 명이 퇴

○ 멕시코 5000페소 앞면(좌)과 뒷면(우)

멕시코 5000페소 앞면에는 미국—멕시코 전쟁의 소년 영웅 여섯 명이, 뒷면에는 격전지인 차풀테 펙성이 그려져 있다.

각 명령을 거부하고 끝까지 수도를 사수하다 전원 장렬히 전사합니다. 그중 한 명은 멕시코 국기를 미군에게 넘길 수 없다며 국기를 품에 안고 절벽에서 뛰어내려 스스로 목숨을 끊습니다. 그 육군 사관생도 여섯 명은 지금도 멕시코에서 영웅으로 칭송받습니다. 멕시코에서 쓰이는 5000페소 지폐 앞에 그려진 여섯 명의 젊은이들이 바로 그 소년 영웅들이랍니다.

하여간 전쟁에서 패한 멕시코는 결국 이듬해인 1848년 오늘날의 캘리포니아주, 네바다주, 유타주 전체, 뉴멕시코주, 애리조나주, 콜로라도주 대부분 그리고 텍사스주, 오클라호마주, 캔자스주, 와이오밍주 일부에 해당하는 엄청난 규모의 영토를 미국에 눈물을 머금고 넘깁니다. 미국은 이 와중에 합리적인 척을 합니다. '우리는 멕시코 땅을 빼앗는 것이 아니라 정당하게 돈 주고 사는 것이다'라는 소리를 하며 실제로 멕시코에게 돈을 줍니다. 얼마를 주었냐고요? 단돈 1500만 달러. 요즘 환율로는 약 180억 원이지만 당시 화폐가치를 오늘날의 가치로 환산하면 4억 7천만 달러(한화 약 6166억 원)에 해당한답니다.

물론 어마무시한 금액이지만 캘리포니아 하나만 해도 대한민국 영토의 네 배에 달하는 면적이에요. 거기다 앞서 말한 방대한 지역까지 합쳐 단돈 1500만 달러에 가져간 거랍니다. 이를 전문 용어로 날강도라고 하지요. 게다가 나중에 캘리포니아에서는 황금이 쏟아져 나오고, 텍사스에서는 어마어마한 유전이 발견됩니다. 멕시코로서는 그저 헛웃음만 나올 일이었지요.

캘리포니아
골드러시의 시작

　자, 이제 오리건Oregon이 어찌해서 미국 땅이 되는지 간략하게 알아봅시다. 오리건은 오리가 쏘는 총이 아닙니다. 캘리포니아 바로 위에 있는 지역인데 당시 오리건이라고 불리는 땅은 지금의 오리건주뿐만 아니라 캘리포니아 바로 위부터 시작해서 저 북쪽 오늘날의 캐나다 브리티시컬럼비아주 북쪽 경계에 이르기까지 북서부 일대가 오리건이라는 땅이었습니다.

　원래 이 땅에 처음 들어온 건 스페인 사람들이었어요. 그런데 오리건의 기후가 스페인과 비슷한 겁니다. 그래서 당시 스페인 사람들이 즐겨 먹던 오레가노oregano라는 향신료를 가져와 오리건에서 재배하기 시작했어요. 그것이 오리건이라는 지명의 유래랍니다. 당시 스페인령 오리건을 영국이 빼앗은 상태였습니다. 실소유주는 영국이었지만 대부분 주민이 미국인들이었답니다. '서부로!'를 외치며 꾸역꾸역 몰려든 미국인들이 오리건까지 밀려온 상태였지요.

영국도 그 사실을 알고 있었어요. 하지만 영국 본국과의 거리가 너무 멀어서 캘리포니아 연안의 오리건은 사실상 통제가 되지 않았습니다. 뭔가 조치를 하려면 미국과 다시 무력 충돌을 벌어야 하는데, 영국으로서는 이미 미국과 전쟁을 두 번이나 치른 상태였기에 전쟁은 정말 부담되는 선택지였어요.

그래서 영국은 미국과 협상을 시도합니다. 오리건 문제를 어찌 해결할지에 대한 협상이었죠. 협상 테이블에서 미국은 강경하게 나갑니다. '이미 실질적으로 미국인들이 거주하는 오리건은 사실상 미국 영토로 봐야 한다'라는 날강도 같은 주장을 한 것입니다. 그러니 캘리포니아 바로 위부터 시작해 북쪽 끝 알래스카(당시 알래스카는 러시아 영토였습니다)까지, 태평양 연안 영토를 그냥 미국이 먹겠으니 영국은 양해해 달라고 합니다.

미국과의 전쟁만큼은 정말 피하고 싶었던 영국은 '중간에 선 그어서 공정하게 반반씩 나누자'라는 중재안을 제시합니다. 지금의 캐나다 밴쿠버와 미국 시애틀 사이에 선을 그어서 그 남쪽은 미국이 차지하고 그 북쪽은 영국이 소유하자고 제안합니다. 미국도 나쁘지 않은 거래라고 생각해서 그 제안을 받아들입니다. 그래서 대서양에서 부터 시작해서 태평양 연안까지 일직선으로 이어지는 미국-캐나다 국경이 그때 완성되었답니다.

국경 이야기를 했으니, 거의 허허벌판이었던 캘리포니아가 어떻게 개발되었는지 이야기를 하겠습니다. 이 모든 것은 금gold 때문에 시작됩니다. 1848년 1월 24일, 캘리포니아의 한 계곡에서 제임스 마샬James Marshal이라는 목수가 흐르는 물속에서 뭔가 반짝이는 물체를 발견했어요. 알고 보니 사금砂金, 즉 모래 속에 섞인 금이었던 겁니다. 주변을 살펴보니 계곡 바닥 밑에 금 천지였어요. 그는 몰래 그 지역을 구매하려고 합니다. 그런데 세상에 비밀은 없다고 그 동네에 금이 난다는 소문이 삽시간에 캘리포니아 전체에 퍼졌고 급기야 미국 전국으로까지 빠르게 소문이 퍼졌답니다.

그 뒤는 안 봐도 비디오죠. 전국에서 노다지의 꿈을 안고 너나 할 것 없이 캘리포니아로 모이기 시작했어요. 그것을 골드러시gold rush라고 불렀어요. 그 절정은 바로 다음 해인 1849년에 극에 달해요. 그렇게 금을 찾아 캘리포니아, 특히 그 중심지였던 샌프란시스코로 향했던 사람들을 '1849년에 샌프란시스코로 달려가는 사람'이라는 뜻으로 'San Francisco 49ers'라고 불렀답니다. 지금 샌프란시스코의 미식 축구팀 이름이기도 해요. 골드러시 때문에 겨우 1만 명에 불과하던 캘리포니아 인구가 1852년에는 무려 25만 명으로 급증합니다.

미국의 영토 확장이 탄생시킨 '껌'

미국이 한창 영토 확장에 진심이던 1820년대. 스페인으로부터 독립한 멕시코는 국경 지역의 개발을 위해 미국으로부터 이민자들을 받습니다. 당시 멕시코 영토였던 텍사스에 미국인들이 활발하게 이주하게 되고, 1830년대에 들어서자 텍사스에는 멕시코인보다 미국인의 수가 더 많아지는 현상이 발생합니다. 멕시코 정부가 이 같은 상황에 미국인 이민자들을 규제하자 이에 이민자들은 아예 멕시코 북부에 1836년 '텍사스 공화국Republic of Texas'을 세우고 독립한다고 선언합니다.

멕시코와 미국은 엄청난 교전을 연이어 펼칩니다. 심지어 당시 멕시코 정부군을 지휘했던 산타 안나Santa Anna 멕시코 대통령까지 붙잡혀 미국으로 끌려갑니다. 그리고 미국 대통령 앞에서 '멕시코는 텍사스를 포기하고 독립을 승인한다'라는 강제 조약에 서명까지 했어요. 그 결과 텍사스는 멕시코로부터 독립하고 결국 1845년 자발적으로 미국의 주州로 합병됩니다.

산타 안나 대통령은 다시 멕시코로 돌아오지만 '나라를 팔아먹은 매국노'란 소리를 듣고 멕시코에서 쫓겨나요. 그는 멕시코를 떠나 망명 생활을 하며 다시 정치적 재기를 꿈꿉니다. 이를 위해서는 돈이 필요하겠지요? 돈을 마련하기 위해 멕시코에서 가져온 치클을 고무의 대체재로 사용할 수 있게끔 연구하라고 자신의 비서에게 지시합니다. 이 업무를 맡은 비서 토마스 애덤스Thomas Adams는 연이어 이 연구에 실패합니다. 치클은 고무처럼 딱딱하게 굳지 않아서 고무의 대체품이 될 수 없었거든요. 이때 토마스 애덤스는 산타 안나가 치클을 즐겨 씹는 것에서 착안해 치클을 기호 식품으로 가공해야겠다는 아이디어를 떠올립니다. 치클에 향신료를 넣어 팔기 시작하는데, 이게 바로 우리가 씹는 껌chewing gum의 시초입니다.

4장

남북전쟁과
노예 해방 운동

1820~1865

미국의 내전

1820
남부와 북부, 노예제를
두고 미주리 타협으로
타협하다.

1822
미국에서 탈출한 흑인
노예들, 서아프리카에
라이베리아를 설립하다.

1860
에이브러햄 링컨이
대통령으로 당선되다.

1861
남부 11개 주,
미합중국 탈퇴를 선언하고
'아메리카 연합국'을 만들다.

1861
남북전쟁 발발하다.

1865
링컨 대통령 암살당하다.

남부와 북부의 대립

솔직히 남북전쟁Civil War은 '미국 내전'이라고 부르는 것이 맞아요. 영어로 'civil war'는 내전을 뜻합니다. 다른 내전들은 '스페인 내전' '국공 내전' 등으로 부르면서 왜 미국 내전만 따로 '남북전쟁'으로 부르냐고 주장하는 학자들도 있어요. 이 책에선 편의상 남북전쟁이라고 하겠습니다.

일단, 그럼 이 남북전쟁이 왜 일어났는지부터 살펴볼까요? 간단히 말해 남북 간의 경제 구조가 달라서 전쟁이 일어난 겁니다. 전쟁이 일어난 명분이었던 흑인 노예제 또한 남북 간 경제 구조 차이 때문에 생긴 것이고요. 경제 구조가 달라 봤자 한 나라 안에서 무슨 큰 차이가 있나 싶으시죠? 미국은 말이 한 나라지, 거대한 대륙이라고 봐도 무방하답니다. 동부의 뉴욕에서 서부의 로스앤젤레스까지의 거리가 서울에서 싱가포르까지의 거리예요. 북부와 남부로 나누지만, 우리나라와 태국의 경제 규모 차이 정도라고 보시면 됩니다.

먼저, 북부를 봅시다. 여기서 북부라고 하면 우리가 알고 있는 디트로이트, 시카고, 뉴욕, 보스턴 등이 있는 곳을 말해요. 북부는 매우 추운 겨울이 특징으로 땅이 척박해 농사하기 어려웠습니다. 그런데 이 북부 지역, 특히 오대호Great Lakes 부근에 매장된 엄청난 양의 철광석이 발견됩니다. 말이 호수지 한반도가 풍덩 빠져 버릴 정도의 사실상 바다에 가까운 큰 호수들이랍니다. 아무튼 이 오대호 주변에 엄청난 양의 철광석이 발견되고, 당연히 철강 산업이 발달하게 됩니다.

그런데 문제가 하나 있었어요. 내륙지대이다 보니 철강을 생산해도 유럽까지 수출하기가 너무나도 힘들었다는 겁니다. 대서양 연안까지 철강을 실어 날라야 하는데 1800년대 초반에 철도가 있었던 것도 아니고 거의 불가능한 일이었지요.

그러자 북부에 사는 미국인들은 엄청난 상상을 하게 됩니다. '대서양 바닷가부터 오대호 내륙까지 운하를 뚫으면 어떨까?'라는 어찌 보면 허무맹랑한 상상을요. 그리고 그 상상을 실행에 옮깁니다. 1825년, 대서양과 연결되는 허드슨강 상류의 올버니Albany에서 출발해서 오대호 중 하나인 이리호Lake Erie'까지 운하를 뚫어 버린 겁니다. 그 말은 오대호 호숫가에 있던 철강 도시들, 시카고, 디트로이트 등의 도시가 갑자기 대서양과 연결된 '항구 도시'가 되어 버렸다는 뜻이었지요.

그때부터 디트로이트 등 오대호 주변 항구 도시에서 생산된 미국산 철강이 쉴새 없이 대서양을 건너 유럽으로 수출되기 시작합니다. 나중 얘기이지만 철강 도시인 디트로이트는 그 철강 산업을 바탕으로 나중에 자동차 생산 중심지가 됩니다. 지금도 미국 자동차의 대부분은 디트로이트에서 만들어요. 그 운하가 뚫리면서 미국 북부 지역은 점차 공업화가 진행됩니다.

자, 이제 당시 남부 상황을 좀 볼까요? 주로 산악 지대인 북부와 달리 남부는 지평선이 보일 정도의 드넓은 평야가 대부분이었습니다. 남부의 미국인들은 그 드넓은 평야를 이용해 대규모 농장들을 만들었습니다. 사탕수수, 담배, 쌀, 면화 등을 재배해 상당한 부를 축적했습니다. 그중 가장 큰 비중을 가지고 있는 것은 목화였어요. 영국에서 일어난 산업혁명으로 목화에 대한 수요가 급증함에 따라 남부의 목화 재배 지역은 점점 확산합니다.

그런데 문제는 이 목화 농사란 것이 손이 엄청 필요한 중노동이란 겁니다. 목화송이를 하나하나 일일이 손으로 다 다듬어야 하거든요.

당연히 남부의 농장주들은 이 중노동을 대신할 누군가가 필요했고, 그들의 눈에 들어온 건 흑인 노예들이었습니다. 흑인 노예들은 이미 북미 대륙이 영국 식민지였을 시절부터, 영국인들이 서아프리카에서 대규모로 '사냥'해 오고 있던 상태였답니다. 왜 서아프리카냐고요? 미국이랑 가까우니까요.

하여간 남부 지역의 목화 농사는 대박이 납니다. 그와 동시에 흑인 노예의 수요가 폭증합니다. 백인 농장주, 너나 할 것 없이 흑인 노예를 원했으니까요. 흑인 노예에 대한 수요가 올라가니 흑인 노예의 몸값 또한 당연히 폭등합니다. 몸값이 비싸진 것이죠. 백인 농장주는 비싼 몸값을 주고 데려온 흑인 노예를 악착같이 부려 먹습니다. 이는 남부의 노예제 폐지는커녕 노예제가 더욱 확산되는 결과를 낳습니다.

흑인 노예들은 정말 인간 취급도 못 받았어요. 이들에 관한 영화들이 많은데 2013년에 개봉한 〈노예 12년12 Years A Slave〉는 꼭 한번 보세요. 눈물보다 한숨이 나옵니다. '인간이 같은 인간을 저렇게 잔인하게 대할 수 있는가?'라는 질문을 던지게 만드는 영화이거든요.

여러분, 프라이드치킨 좋아하시나요? 사실, 프라이드치킨은 흑인 노예들과 관련이 있는 음식이랍니다. 남부 흑인 노예들이 그나마 자유롭게 길러서 먹을 수 있는 유일한 육류가 닭이었습니다. 이 닭을 조리하기 위해 아프리카에서 이미 익숙했던 튀기는 방법을 활용한 것이죠. 여기에 향신료와 양념을 추가해 프라이드치킨이 탄생했다는 설이 가장 유력합니다. 닭을 구워 먹는 것보다 밀가루 반죽에 입혀 튀겨 먹으면 적은 양으로도 배불리 먹는 것이 가능했으니까요.

이렇게 남부 백인 농장주들이 흑인 노예들을 잔인하게 부려 먹는 것을 가만히 보면서 북부 주민들은 슬슬 불만을 나타냈어요. 아니, 종교 탄압을 피해서 대서양을 건너온 청교도들의 후예가 이렇게 또 다른 인간을 노예로 부려 먹어도 되냐는 불만이었지요. 사실, 당시 남부 백인 농장주들은 북부처럼 청교도들의 후예들은 아니었습니다. 대부분 남부 농장주들은 갑자기 목화 농사로 떼돈을 번 '졸부'들이었답니다. 그래서 집도 화려한 저택으로, 옷도 더 화려하게, 주말마다 연회도 으리으리하게 열었던 것이랍니다. 우리 주변에 갑자기 돈을 번 졸부들이 온몸에 명품으로 도배하고 고급 외제차를 끌고 다니며 돈 자랑하는 것과 다를 바 없었어요.

사실 남부 농장주들로서는 흑인 노예를 부리는 것은 자기들 목숨과도 연결된 문제였어요. 남부 농장주들에게 목화 농사는 거의 유일한 밥벌이었고, 흑인 노예가 없으면 이 '무지막지하게 노동력'이 들어가는 목화 농사는 지속할 수가 없었기 때문이지요. 남부 농장주들도 북부의 비판을 알았어요.

그래서 이를 면피하기 위해 자기들 나름대로 명분을 만듭니다. 남부에 살았던 토머스 듀Thomas Dew라는 철학자는 다음과 같은 말을 합니다. "동물들의 세계에서 약육강식이 있듯이 사람들도 더 강한 인간이 약한 인간을 노예로 부리는 건 자연의 이치다." 심지어 남부의 일부 개신교 목사들은 이런 말을 했습니다. "흑인들 피부가 검은 것은 하나님께 죄를 지어서 그런 것이다. 옛날 고대 민주주의 그리스에서도 노예는 있었다. 성경 말씀 그 어디에도 흑인을 노예로 쓰지 말란 말씀은 없다."

이렇게 노예제 문제로 남부와 북부가 신경전을 벌이고 있던 가운데 또 문제가 하나 발생합니다. 바로 '관세' 문제였어요. 관세tariff란 '수입, 수출하는 상품에 부과하는 세금'을 말하지요. 자, 봅시다. 북부는 공업화가 진행된 상태여서 대부분의 공산품을 직접 만드는 상황이었어요. 물론 질은 영국산 등 수입품에 비하면 떨어지지만요(공업화된 지 얼마 되지 않은 상태였거든요). 그러면 북부 미국에서 만들어진 질이 떨어지는 '국산 제품'을 보호하기 위해서 미국 정부는 어떤 조치를 해야 할까요?

우리나라도 1970년대 이전에 태어난 분들은 다 기억하실 겁니다. '국산 장려 운동'. 일제나 미제 쓰지 말고 국산 제품 쓰자는 운동이었죠. 그런데 아무리 국산 쓰자고 외쳐도 일제나 미제가 질이 훨씬 좋은데다가 저렴하기까지 하면 나도 모르게 외제로 손이 가는 건 당연한 일입니다. 그걸 막기 위해서는 어떻게 해야 할까요? 맞아요. 외제의 값을 확 올리면 됩니다. 당시 우리나라도 수입 제품에 엄청난 관세를 부과해 값을 확 올려 버렸어요. 아예 외제를 살 엄두를 못 내도 말이죠.

미국도 마찬가지였습니다. 북부에서 생산하던 국산 제품을 보호하기 위해 영국 등에서 수입해 오던 외제에 엄청난 관세를 부과합니다. 그런데 이런 관세 조치에 남부 농장주들이 반발하기 시작했어요. 왜냐? 일반적으로 한 나라가 관세를 올려 버리면 상대 국가도 똑같이 '보복 관세'를 부과합니다. 당시 영국은 '미국 너희가 그래? 그럼 우리 영국도 목화를 비롯한 너희 미국에서 수입해 오는 제품에 보복 관세를 부과하겠어'라고 예고한 후에 그런 조치를 시행한 겁니다.

남부 농장주들은 그야말로 대혼돈이었습니다. 목화 수출로 돈을 벌어야 하는데 수출길이 막혀 버린 것이니까요. 남부 농장주들은 미국 연방 정부에 관세를 낮추라고 항의했습니다. 하지만 당시 연방 정부는 북부 출신들이 대다수인 상황이라 남부의 항의를 무시합니다. 가뜩이나 노예제 때문에 신경전을 벌이고 있던 남부와 북부 사이에 또 다른 갈등이 시작된 것이지요.

이렇게 일촉즉발의 긴장감을 유지하던 남부와 북부. 당시에는 아주 아슬아슬하게 균형을 이루고 있었답니다. 당시 노예제를 지지하던 남부의 '노예주'의 숫자가 11개. 그리고 노예제를 반대하던 북부

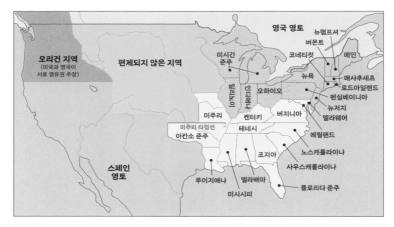

○ 미주리 타협

노예제 폐지를 주장하던 북부와 노예제를 지지하던 남부는 세력의 균형을 맞추기 위해 미주리 타협을 실시한다.

의 '자유주'가 11개. 정확하게 팽팽하게 균형을 이루고 있었어요. 그런데 이런 균형을 깨 버릴 뻔한 일이 하나 발생합니다! 1819년, '미주리'가 연방에 가입 신청을 하거든요.

어라? 그럼 이 미주리가 남부 노예주에 가입하느냐 북부의 자유주에 가입하느냐에 따라 균형이 확 깨져 버리잖아요. 미주리는 남부 노예주 쪽으로 가입을 하려고 합니다. 당연히 북부는 반발했지요. 이런 긴장감이 지속되자 남부에서 한 가지 묘안을 꺼냅니다. 북부의 한 주를 둘로 나누어 자유주를 하나 또 만들면 각각 12개의 주가 되니, 다시 균형이 맞춰질 것이라고요. 북부 측도 들어 보니 일리가 있어 받아들입니다. 전쟁하는 것보다는 나았거든요. 그래서 다음 해

1820년, 미주리는 남부 노예주로 들어오고 북부는 북쪽의 매사추세츠주를 둘로 나눠 '메인주'라는 새로운 주를 하나 만든답니다. 이 타협을 역사에선 1820년의 '미주리 타협Missouri Compromise'이라고 부릅니다.

꼭 기억해야 할 노예해방론자, 존 브라운

남부와 북부의 정치인들이 관세, 노예제도 등으로 싸울 때 노예 해방을 위해 몸을 사리지 않았던 일반 시민들도 많았습니다. 특히 영국 식민지 시기 펜실베이니아에 자리를 잡았던 퀘이커 교도들을 기억하시죠? 이 퀘이커 교도들은 기본적으로 하나님 아래 모든 이들은 다 평등하다, 그렇기에 왕도 없다고 주장합니다. 그래서 이 '왕도 없다'라는 주장 때문에 고향 영국에서 왕실로부터 탄압받았던 것입니다. 하여간 이 퀘이커 교도들은 '아니, 어떻게 같은 인간이 또 다른 인간을 노예로 부릴 수 있냐'라며 적극적으로 노예 해방 운동을 시작합니다.

먼저 '지하 철도Underground Railroad' 조직을 운영합니다. 진짜 기차를 운영한 것이 아니라, 몰래 남부 농장으로 들어가 흑인 노예들을 데리고 북부로 함께 탈출하는 운동을 의미합니다. 북부로 노예들을 탈출시킨 후 북부가 마음에 들면 북부에 정착할 수 있게, 다른 나라로 가기를 희망하면 국경 너머 캐나다에 흑인 노예들이 정착할 수 있게 도왔습니다. 퀘이커 교도들, 정말 멋진 사람들이었어요.

1817년엔 노예해방론자들이 아예 흑인 노예 수만 명을 배에 태워 다시 그들의 고향인 서아프리카로 돌려 보냅니다. 이들에 의해 미국을 탈출한 수만 명의 흑인 노예들은 서아프리카에 새로운 나라를 만듭니다. 이것이 1822년 서아프리카에 설립되어 1947년에 독립한 '라이베리아Liberia'예요. 라이베리아의 국기를 보면 미국 성조기와 아주 비슷한데요. 자기들을 탈출시키고 고향 아프리카에 그들만의 나라를 만들어 준 미국에 대한 고마움의 표시였답니다.

이 시기에 꼭 기억해야 할 인물이 한 명 있어요. 바로 존 브라운John

○ 라이베리아 국기(좌)와 미국 성조기(우)
　라이베리아 국기에는 미국에 대한 고마움의 표시가 담겨 있다.

○ 〈존 브라운〉,
올레 피터 한센 발링, 1872
존 브라운의 초상화. 하단 아래에 그의
손목을 채운 수갑이 흐릿하게 그려져 있다.

Brown이라는 노예해방론자입니다. 미국에서는 노예 해방이라고 하면 링컨 대통령과 바로 존 브라운, 두 사람을 기억한답니다. 존 브라운은 1800년 미국 북부에서 태어났어요. 존의 아버지는 청교도이자 흑인 노예제의 반대를 주장했습니다. 그리고 '지하 철도' 조직을 이끌었던 운영자 중 한 명이었기 때문에, 아들인 존 브라운은 어렸을 때부터 자기 집에 숨어서 탈출을 준비하던 흑인들을 보면서 함께 자랐어요. 당연하게 어릴 때부터 노예제는 나쁘다고 생각하며 자랐던 것이죠.

존 브라운은 도망친 흑인들과 같이 살면서 그들의 누이들이 백인 농장주들에게 어떻게 성폭력을 당했는지, 죽임을 당했는지, 또 그들의 부모들이 어떻게 가죽 채찍을 맞고 피를 흘리며 죽었는지를 듣고 결심합니다. 백인 농장주들을 무력으로 처단하고 신의 이름으로 응징하겠다고요. 즉, 남부 백인 농장주들을 죽인 후 흑인 노예들을 다 탈출시키겠다는 아주 과격한 목표를 세웁니다.

존 브라운은 실제로 남부 농장으로 쳐들어가 백인 농장주들을 처형하고 흑인 노예들을 탈출시키는 작전을 감행했습니다. 그는 아예 남부 산악지역에 흑인 노예들을 위한 '흑인 공화국'을 세우기로 합니다. 그러기 위해선 '노예 해방 전쟁'이 필요했고, 전쟁을 위해서는 무기와 탄약이 필요했습니다. 그래서 21명의 동지와 함께 1859년 10월 16일 정부군의 무기 창고를 기습합니다. 정부군과 치열한 교전을 벌였지만, 결국 패하고 말아요. 이 정부군과의 교전 과정에서 존 브라운의 친아들이 총을 맞고 사망합니다.

정부군 측 자료에 따르면 자기 친아들이 옆에서 피를 흘리고 죽어가는데도 존 브라운은 한 손으로는 아들의 손을 잡고, 다른 한 손으로는 총을 잡고 끝까지 정부군과 교전을 벌였다고 합니다. 실제 그와 맞서 싸운 정부군도 그 모습을 보고 '그는 침착했으며 굳은 의지로 최후까지 싸우자고 동지들을 격려했다'라고 기록했답니다. 결국 이 전투에서 패한 존 브라운은 정부군에 잡히고 교수형에 처합니다.
존 브라운의 죽음은 북부 미국인들에게 큰 충격으로 다가왔습니다. '저렇게 노예제 폐지에 목숨을 던지는 사람도 있는데, 우리는 무엇을 하고 있는가?'라는 반성이었지요. 북부 사람들은 존 브라운의 죽음을 주제로 노래로 만들었는데 바로 〈존 브라운의 시체John Brown's Body〉라는 곡이었어요. 그리고 이 노래는 곧 터질 남북전쟁 때 북군의 진군가로 쓰였답니다. 존 브라운의 원수를 갚자는 뜻으로요. 인터넷에서 찾아서 한번 들어보세요. 익숙한 멜로디일 겁니다. 이 노래가 나중에 미국 개신교의 찬송가로 바뀌고, 우리나라에 들어온 미국 선교사들이 그들이 세운 학교의 교가로 만들었기 때문입니다.

미국 내전,
남북전쟁 발발

    존 브라운이 교수형을 당한 다음 해인 1860년에 미국 대통령 선거가 치러집니다. 이 대선에서 남부와 북부는 총력전을 펼쳤습니다. 당연하지요. 자기네 견해를 대변할 사람이 대통령이 되어야 했기 때문이지요. 총 네 명의 후보 중, 무슨 수를 써서라도 연방의 분열을 막아야 한다고 강력하게 주장한 에이브러햄 링컨_{Abraham Lincoln}이 아슬아슬하게 미국의 새로운 대통령으로 당선됩니다. 링컨이 대통령 선거에 출마했을 때부터 남부는 경고했어요. 만일 링컨이 대통령이 되면 남부의 주들은 일제히 다 '미합중국'에서 독립할 것이라고요. 그런데 정말로 링컨이 대통령에 당선되고 만 겁니다.

사실, 1860년 대선 당시 남부의 경제 상황은 최악이었답니다. 당시 남부의 경제는 북부에 비교도 안 될 정도로 낙후된 상태였습니다. 일단 인구부터 비교해 볼까요? 북부는 2300만 명 정도였던 반면에, 남부는 고작 900만 명 정도밖에 안 되었어요. 아시죠? 경제는 일단 인구로 밀고 갑니다. 그런데 문제는 북부의 인구는 점점 늘어가고 남부의 인구는 점점 줄어가고 있었던 겁니다.

여러분이 유럽에서 미국으로 가는 이민자라고 가정해 봅시다. 공장들이 즐비하고 일자리가 넘치는 북부로 가겠습니까? 아니면 목화 농장에 가서 목화를 따야 하는 남부로 가겠습니까? 당연히 북부를 선택하겠죠. 그래서 당시 이탈리아, 아일랜드 등 유럽 출신의 이민자들은 대부분 북부로 몰려들었습니다. 시간이 갈수록 북부는 인구가 늘고 경제 규모도 더 커졌지만, 남부는 농장들만 덩그러니 있던 겁니다. 그런데 그 농장들에서 존 브라운 같은 북부인들이 흑인 노예들을 계속 탈출시키니 정말 '소는 누가 키우고?'라는 한탄이 나오던 상황이었습니다.

그렇기에 남부 입장에선 1860년 대통령 선거는 그야말로 운명의 선거였습니다. 그런데 결과는 무력을 써서라도 연방의 분열을 막아야 한다고 주장했던 링컨의 당선이었던 겁니다. 마지막 희망이 사라진 남부의 총 11개 주는 1861년, 바로 '미합중국 탈퇴'를 선언하고 독립을 합니다. 북부와 같은 하늘 아래서는 못 살겠다는 뜻이었거든요. 그리고 아예, '아메리카 연합국Confederate States of America'이라는 새로운 남부만의 연방국을 만듭니다. 1776년 미국이 영국으로부터 독립을 선언한 이래, 처음으로 나라가 둘로 쪼개진 겁니다. 새로 취임한 링컨 대통령은 남부의 이런 행동에 대해 전쟁도 불사하겠다고 경고했지만, 남부가 오히려 1861년 4월 12일, 북부를 먼저 공격하면서 전쟁이 시작되고 맙니다.

남부 소속 11개 주 중 하나였던 사우스캐롤라이나주 앞바다에 섬터 요새Fort Sumter라는 곳이 있었어요. 항구 앞바다의 인공 섬인데 군사용 요새로 사용되던 곳이었습니다. 물론 지금도 역사 유적지로 잘 보존된 곳입니다. 문제는 이곳 섬터 요새의 군사들이 북부를 지지하던 병사들이었어요. 골치 아픈 상황이 만들어진 겁니다. 섬의 소속은 남부였는데, 그 섬의 병사들은 링컨의 북부를 지지하는 상황이었기 때문입니다.

당연히 남부군은 섬터 요새의 북부군에게 빨리 섬을 비우라고 통보합니다. 북부군은 거절합니다. 그러자 남부군은 그 섬을 봉쇄해 버려요. 물과 음식도 다 끊어 버리고요. 이 소식을 들은 링컨은 남부 측에 섬터 요새에 물과 음식을 보내게 해 달라고 요청하지만 무시당합니다. 남부군은 섬터 요새의 북부군이 먹을 물과 음식이 없으면 항복하고 나올 것이라 예상했는데, 북부군이 생각보다 오래 버티는 겁니다.

○ 남북전쟁 초기의 양상

미국의 남북전쟁은 남부 연합과 북부 연방 간의 대립으로 전개되었다.

이에 열받은 남부군은 결국 1861년 4월 12일, 섬터 요새를 향해 포격을 시작합니다. 이 섬터 요새에 대한 남부군의 포격을 시작으로 4년에 걸쳐 주로 미국 남부 지역을 초토화하고, 민간인을 포함해 무려 100만 명 이상의 목숨을 잃게 한 참극(당시 미국 인구의 3퍼센트)인 남북전쟁이 이어졌다고 기록되어 있습니다.

섬터 요새 공격에 대한 보복 공격을 북부가 시작하면서 본격적인 전면전이 펼쳐졌습니다. 북부군은 쉽게 남부를 이기리라 예상했어요. 그도 그럴 것이 인구도 북부가 남부보다 두 배 이상 많았고, 경제

력은 북부가 무려 네 배 이상 앞서 나가던 상황이었기 때문이죠. 그런데 예상과 달리 전쟁 초기엔 북부군이 고생을 많이 해요. 왜냐하면 전쟁 초반의 전투는 대부분 남부 지역에서 벌어졌거든요. 북부군이 병사의 숫자도 더 많았으니, 남부로 밀고 들어간 것이죠. 그런데 막상 북부군이 남부에 들어와 보니 남부의 지리에 익숙하지 않아 혼선이 일어나기 시작한 겁니다.

반면 남부군은 자기 동네다 보니 지리를 자기 손바닥 보듯 너무 잘 알고 있었던 것이죠. 남부군은 이미 이런 상황을 다 계산한 상태였습니다. 전면전으로는 이길 수 없다는 걸 안 남부군은 북부군을 남부로 끌어들여 게릴라전으로 괴롭힌다는 계획을 세운 겁니다.

전쟁이 계획대로 흘러가지 않자, 북부는 아주 대담한 작전 하나를 구상합니다. 남부를 고립시켜 굶겨 죽이자는, 이른바 '아나콘다 포위 작전'을 시작해요. 아나콘다는 아시다시피 뱀이죠. 남부를 뱀처럼 빙 둘러싼 뒤, 미시시피강을 점령하려고 합니다. 미시시피강을 북부가 손에 넣으면 일단 남부는 동서로 쪼개지는 거죠? 그런 다음 미시시피강을 따라 군함을 올려보내 '물자 교류'가 끊긴 남부의 동쪽과 서쪽을 차례로 박살을 낸다는 계획이었습니다. 그리고 바로 실행에 옮겨요.

기억나시죠? 미시시피강 맨 남쪽에 있는 미국의 항구 도시는? 맞습니다. 바로 재즈의 고향 뉴올리언스죠. 당시는 남부의 항구였습니다. 북군은 군함을 동원해 남부 도시 뉴올리언스를 차지합니다. 그런 다음 계획대로 미시시피강을 따라 올라가면서 동서 양쪽의 남부 주요 기지들과 보급로들을 박살 내기 시작했답니다.

이 작전 성공 이후 북부가 전쟁의 주도권을 갖게 되었답니다. 모든 전쟁에서 제일 중요한 건 바로 '보급'이랍니다. 전쟁도 총알이랑 식량이 하는데 그걸 끊어 버리면? 지는 겁니다. 그런데 북부가 아나콘다 작전으로 남부의 보급을 끊어 버리니 남부로선 난감한 상황이었던 겁니다.

이에 남부군은 '최후의 일격'을 준비합니다. 바로 북부의 수도 워싱턴 D.C.를 점령하는 것이었어요. 그런데 가만히 생각하니 남쪽에서 북쪽의 워싱턴 D.C.를 치고 올라가면 워싱턴 바로 밑에 엄청난 방어 체계가 갖춰져 있을 것 같았어요. 실제로도 그랬고요. 당연하죠. 남부군은 남쪽에서 치고 올라올 테니, 북부도 수도를 방어하기 위해 엄청난 병사들을 남쪽에 배치했습니다. 그래서 남부군은 묘안을 짜냅니다. 수도 워싱턴 D.C.를 우회해서 워싱턴 북쪽에서 치고 내려온다는 전략을요. 그리고 수도를 점령하고 볼모로 삼아, 북부와 협상을 벌여 남부의 독립을 약속받자는 계획을 세웁니다.

남부군은 일명 '워싱턴 볼모 작전'을 추진하려던 중, 큰 문제에 직면합니다. 북부의 수도인 워싱턴 D.C.와 당시 남부의 수도였던 버지니아주의 리치먼드Richmond는 생각보다 서로 너무 가깝게 있었어요. 거리로 따지면 서울에서 대전 정도의 거리였답니다.

자, 남부군이 북부 수도 워싱턴을 점령하러 가는데 병사 몇 명만 보내겠습니까? 운명을 건 승부인데 주력군 대부분을 보내려 했겠지요. 그러면 남부의 수도 리치먼드를 방어할 군대가 없어지는 겁니다. 남부군이 자기들 수도 워싱턴 D.C.를 공격했다는 소식을 북군이 듣는다면? 당연히 북군도 복수 차원에서 워싱턴 바로 아래에 있는 남부의 수도 리치먼드를 공격할 테고, 남부의 주력군은 워싱턴 D.C.에 있을 테니 리치먼드는 무방비 상태가 되겠지요. 정리하자면, '워싱턴 볼모 작전'은 오히려 남부가 북부에게 역으로 당하는 사태까지 벌어질 가능성이 있었다는 말입니다.

이런 우려를 남부군 지휘관들이 당시 남부 최고 사령관이었던 로버트 리Robert Lee 장군에게 보고를 합니다. 그때 로버트 리 장군은 명언을 남깁니다. '걱정하지 마라. 그러면 남북이 서로 수도를 바꾸면 된다. 북군이 만약 우리의 수도 리치먼드를 점령하면 우리도 북부 수도 워싱턴 D.C.를 점령해 백악관을 차지하고 워싱턴을 우리 남부의 수도로 하면 되잖아'라는 말을요. 남부 지휘관들이 생각해 보니 묘하게 설득력이 있었던 겁니다. 그래서 원래대로 워싱턴을 점령하기로 합니다.

이제 다음 문제로 과연 어느 곳에 남부군을 집결시킬 것인지를 정하는 문제가 남아 있었던 겁니다. 남부군 사령부는 워싱턴 D.C로부터 약 100킬로미터 떨어져 있는 한 평야 지대로 정합니다. 바로 그 유명한 게티즈버그Gettysburg라는 곳이었습니다. 맞아요. 세계사 공부할 때 꼭 외우게 되는 링컨 대통령의 그 '게티즈버그 연설'을 한 바로 그 게티즈버그였답니다.

드디어 1863년 7월 1일. 남부군 7만 명과 북부군 10만 명이 게티즈버그 평야에서 맞붙습니다. 북군도 남군이 올라오고 있다는 걸 알았냐고요? 무려 7만 명의 대군이 이동했는데 그걸 몰랐을까요. 북군도 게티즈버그에서 일전을 이미 준비하고 있었습니다. 그야말로 이번 전쟁의 운명을 건 남북 간의 정면 승부가 바로 시작된 겁니다. 평야에서 격돌한 것이기 때문에 전략, 전술도 그다지 필요 없었습니다. 17만 명의 병사들이 평야에서 서로 쏘고 찔러 죽이는 살육전을 벌였어요.

결론적으로 말씀드리면 '인원수'에서 밀린 남부군이 패배합니다. 승리한 북부군의 피해도 엄청났습니다. 남북을 합쳐서 무려 약 5만 명의 미국 젊은이들이 게티즈버그 평야에서 전사하거나 다칩니다. 전쟁이 끝난 후 북부는 수많은 젊은이의 시신이 널려 있는 이 게티즈버그 평야를 그대로 국립묘지로 만들었어요.

그 국립묘지가 완성되는 날, 1863년 11월 19일, 링컨 대통령이 이

묘지에 옵니다. 그리고 그 유명한 게티즈버그 연설을 한 것입니다. "꼭 남북을 다시 하나로 만들어 영원히 사라지지 않을 국민의, 국민에 의한, 국민을 위한 미합중국 정부Government of the people, by the people, for the people, shall not perish from the earth를 만들겠다"라는 그 연설 말입니다. 하여간, 게티즈버그 전투에서 주력군을 다 잃은 남부, 파죽지세로 남쪽으로 내려온 북부군에 의해 1865년 4월 1일, 수도 리치먼드를 점령당합니다. 그리고 남부군 총사령관 로버트 리 장군이 1865년 4월 9일, 항복 문서에 서명하면서 미국 인구의 약 3퍼센트가 사망한 미국 내전은 4년 만에 비로소 마침표를 찍습니다.

당시 남부의 수도였던 버지니아주 리치먼드에는 남부군 총사령관 로버트 리 장군의 동상이 2021년까지 있었어요. 2021년에서야 겨우 법원의 허가를 받아 철거됐어요. 미국은 남북전쟁 이후 아직까지도 남부와 북부 사이의 지역감정의 골이 심하게 남아 있답니다. 북부 입장에선 인종차별주의자 로버트 리 장군의 동상이 2021년까지 버젓이 서 있던 것이 마음에 안 들겠지만, 당시 남부의 수도였던 리치먼드 주민들은 현재에도 로버트 리 장군을 남부의 영웅으로 생각하고 있답니다. 물론 흑인 노예제를 지지했던 사람을 영웅 취급해도 되느냐는 논란은 예전부터 지금까지 계속되고 있습니다.

남부가 항복하고 며칠 뒤인 4월 11일, 링컨 대통령은 남부의 수도 리치먼드에 와서 '리치먼드 선언'을 합니다. 남부의 주들에게 과거는 묻지 않을 테니 미합중국으로 돌아오라는 내용이었습니다. 정말로 링컨은 미합중국으로 복귀한다고 약속한 남부의 주들에게는 정치적으로 보복하지 않았어요. 내뱉은 말을 지킨 대통령이었죠. 리치먼드 선언 3일 후인 4월 14일, 링컨 대통령은 백악관으로 돌아옵니다.

그리고 그날 저녁, 백악관 바로 옆에 있는 포드 극장Ford Theater에서 연극 한 편을 감상합니다. 그때 연극을 보던 링컨 바로 뒤에서 존 부스John Booth라는 남부 지지자가 링컨을 저격합니다. 남북전쟁 당시 남군으로 참전했고, 연극배우이기도 했던 존 부스가 몰래 극장에 잠입한 것이었습니다. 링컨을 저격한 후 존 부스는 "독재자는 죽었다! 남부 만세!"라고 외쳤어요. 링컨은 응급 치료를 받았지만 바로 다음 날 4월 15일 사망합니다. 그날 수도 워싱턴 D.C.에는 봄비가 부슬부슬 내렸다고 하지요. 백악관 주변엔 노예 출신 흑인들이 눈물을 흘리며 흑인 영가를 부르고 링컨의 회복을 기도했지만, 링컨은 안타깝게 사망하고 맙니다.

바람과 함께 사라지다
Gone With the Wind

개봉　　1939년
장르　　드라마
감독　　빅터 플레밍

영화 〈바람과 함께 사라지다〉는 남북전쟁 당시 불에 타고 폐허가 된 남부를 배경으로, 스칼렛 오하라는 남부 대농장주의 딸이 치열한 전쟁통에서 생존하는 과정을 그린 역사 드라마랍니다. 영화는 스칼렛이 16세이던 1861년, 즉 남북전쟁이 시작된 해부터 1865년 종전을 거쳐 폐허가 된 남부가 재건되는 과정을 거쳐 그녀가 28세가 되는 해까지를 그렸어요. 즉, 이 영화 한 편만 보면 당시 남북전쟁이 왜 발발했는지 그리고 남부에는 어떤 피해의식이 자리 잡고 있었는지 쉽게 이해할 수 있어요. 또 남부 주민들, 특히 백인 농장주들이 가지고 있는 북부에 대한 인식을 짐작할 수 있답니다.

그럼 영화 제목은 왜 '바람과 함께 사라지다'일까요? 영화가 시작하자마자 화면에 이런 자막이 나와요. "그곳은(남부) 신사도와 목화밭으로 상징되는 곳이었다. 이 아름다운 지방은 기사도가 살아 있는 마지막 땅으로, 용감한 기사와 우아한 숙녀 그리고 지주와 노예가 함께 존재하는, 책 속에서나 볼 수 있는 꿈처럼 기억되는 과거가 오늘로 살아 있는 곳. 문명은 바람과 함께 사라지는 것일까?" 즉, 남북전쟁 때문에 남부의 귀족적 전통과 남부의 소중했던 노예제가 바람과 함께 사라졌다는 뜻을 제목에 비유한 것이죠. 그래서 이 영화가 개봉했을 때 논란이 있었답니다. 노예제를 옹호하는 남부의 시각으로 영화를 만들었다는 비난이었죠.

5장

화려한
번영으로의 길

1866~1917

미국이 패권을 잡기까지

1866
백인 우월주의 폭력조직
KKK 탄생하다.

1876
강제 이주 명령을 받은 수족,
미국 기병대와 맞서다.

1867
미국, 러시아로부터
알래스카를 매입하다.

1898
미국-스페인 전쟁 발발하다.

1869
대륙 횡단 철도 개통되다.

1905
가쓰라-태프트 밀약을 체결하다.

1917
미국, 제1차 세계대전에 참전하다.

대륙 횡단 철도의
완공

끝이 안 보이던 내전이 드디어 끝났습니다. 드디어 집으로 돌아온 남부군의 눈에 보이는 건 비참한 폐허 그 자체였습니다. 앞에서도 말씀드린 것과 같이 대부분의 전투는 남부에서 치러졌어요. 당연히 가뜩이나 못 살던 남부는 초토화를 넘어서 거의 석기시대로 돌아간 상태였답니다. 남부의 젊은이들은 극도의 분노로 눈이 돌아갈 정도였죠. 살던 집은 불타 없어지고, 누이와 어머니는 먹을 것이 없어 길거리에서 구걸하고, 아버지는 북부군에 의해 돌아가신 상황에 직면한다면 그 누가 제정신이겠습니까?

남부 젊은이들은 복수를 결심합니다. 그렇다고 다시 북부와 전쟁을 할 수 있던 상황은 아니었기 때문에 그 분노의 화살을 흑인들에게 돌립니다. '너희들 때문에 전쟁을 했고, 그래서 우리 남부 농장주들이 거지가 됐다. 이 모든 것은 너희 책임이다'라고 흑인들에게 책임을 떠넘깁니다. 남북전쟁이 끝나고 1년 후인 1866년, 남부 젊은이들은 'KKK'라는 백인 우월주의 폭력조직을 만들어요. 여러분도 영화를 통해 보셨죠? 흰 두건을 쓰고 흰옷을 입고 횃불 들고 다니는 백인들 말입니다. 그들이 KKK랍니다.

KKK의 정식 명칭은 'Ku Klux Klan'인데요. '조직, 단체'를 뜻하는 그리스어 'kyklo'와, 집단을 뜻하는 영어 'clan'을 합쳐 만들었습니다. 이 KKK 단원들은 그때부터 흑인들을 상대로 닥치는 대로 폭력을 행사하고 심지어 살해하기도 하는 무자비한 짓을 하고 다닙니다. 심지어 흑인을 돕던 백인들에게도 테러를 가합니다.

자, 이제 다른 얘기를 하겠습니다. 남북전쟁이 끝난 후 4년 후인 1869년, 미국 역사상 정말 중요한 일이 일어납니다. 바로 대륙 횡단 철도가 개통된 것입니다. 1863년부터 1869년까지 거의 7년간의 공사 끝에 완공됐는데, 이 철도가 엄청난 역할을 합니다. 바로 태평양 연안에서 대서양 연안까지, 미국의 동부와 서부가 연결된 것입니다.

이 대륙 간 연결 철도는 미국인들의 생활을 엄청나게 변화시킵니다. 생각해 보세요. 철도 연결 이전에는 서부에서 키운 농산물을 동부에서 사려고 한다면 가격이 엄청 비쌌겠지요. 마차로 실어 서부에서 동부까지 옮기는 노동력이 고스란히 가격에 반영되었으니까요. 그런데 철도가 개통된 이후엔 가격이 엄청 저렴해집니다. 특히 미국인들의 주식인 감자는 대륙 횡단 철도 개통 이후 가격이 전과 비교해 무려 10분의 1이나 떨어집니다. 아주 저렴한 가격에 동부 주민들은 서부 감자를, 그것도 철도로 빠르게 배달되어 신선한 감자를 맛있게 먹을 수 있게 된 겁니다.

대륙 횡단 열차는 수도 워싱턴 D.C.에서 태평양 연안의 캘리포니아까지 직통 열차를 타고 갈 수 있게 만들었기 때문에, 실질적으로 동부 대서양 연안에 다 몰려 있던 연방 정부가 태평양 연안까지 본격적으로 통치할 수 있는 발판을 만들어 주었습니다. 그런데 당시 우리나라로서는 철도 개통이 기쁜 일만은 아니었습니다. 대서양에서 출발해 기차를 타고 서부 태평양까지 도착한 미국인들은 거기서 멈추지 않고 바다 너머까지 진출합니다. 미국은 태평양을 건너와 조선, 일본, 필리핀, 중국에 영향력을 행사하기 시작했어요. 본격적인 '제국주의'의 시작이 이 철도 건설 완공부터 시작되었다고 봐도 무방한 이유지요. 이 이야기는 뒤에서 좀 더 자세히 하겠습니다.

그리고 철도의 완공은 새로운 직업을 탄생시킵니다. 바로 '카우보이cowboy'들이었어요. 서부영화에 자주 등장하는 허허벌판을 달리고 있는 소들 있죠? 그 소들의 고향은 미국이 아니랍니다. 대부분 스페인산 토로스Taurus종입니다. 아시다시피 이 소들이 놀던 그 땅, 캘리포니아 등의 지역은 원래 멕시코 땅이었고, 멕시코 땅은 원래 스페인 식민지였잖아요. 스페인 식민지였던 당시 스페인 사람들이 고향의 소를 데려다 키우기 시작했던 겁니다. 그러다가 해당 영토에서 스페인도 물러가고 멕시코도 물러가면서 이 소들이 방치되어 야생동물이 되어 버린 겁니다. 이런 소들을 텍사스인들이 다시 가축화해서 드넓은 초원에 방목하기 시작했습니다.

그때 몇몇 사람들이 이렇게 생각했어요. 이제 대륙 간 횡단 철도도 뚫렸으니, 이 광야에 널린 방목된 소들을 철도로 운반해 동부에 팔자고요. 당시 동부는 대부분 산악지대이다 보니 소를 키우기 상당히 어려운 환경이었답니다. 당연히 소고기가 비쌌겠지요. 이때 마침 철도가 개통한 겁니다. 이 기회를 활용해 방목한 소들을 대륙 횡단 열차가 지나가는 수백 킬로미터 떨어진 먼 북쪽의 철도역들까지 수천 마리씩 한 번에 몰고 간 사람들이 바로 카우보이들이었습니다. 실제로는 우리가 영화에서 보는 마초 같은 느낌과는 조금 거리가 먼 직업군이었습니다. 하여간 대륙 횡단 열차의 개통으로 미국 동부에서는 신선한 소고기를 저렴한 가격으로 먹을 수 있게 됩니다.

원주민에게
닥친 재앙

    대륙 횡단 철도의 완공은 여기저기 쫓겨 다니며 살고 있었던 원주민에는 재앙과 같았답니다. 철도가 완공되면서 더 많은 수의 백인들이 서부로 달려가기 시작했거든요. 동부에서 서부로 옮겨 간 백인들은 점점 더 많은 영토를 차지했고, 원래 그곳에 살던 원주민들은 삶의 터전을 잃고 기약 없는 난민 생활을 해야 했습니다. 원주민들 가운데서 가장 힘든 시련을 겪었던 부족이 바로 지금의 사우스다코타주South Dakota에 살고 있었던 '수족Sioux'입니다.

    여러분, 케빈 코스트너가 주연한 영화 〈늘대와 춤을Dances With Wolves〉을 아시나요? 미국 백인 기병대로부터 처절하게 인간 사냥을 당하는 원주민들이 영화에 등장하는데 그 부족이 바로 수족이랍니다. 수족이 실제 겪었던 일을 주제로 만든 영화거든요.

수족의 시련은 1870년, 그들이 살고 있던 땅에서 금이 발견되면서 시작됐어요. 금이 발견됐다는 소식을 들은 백인들은 수족이 살던 지역으로 미친 듯이 침범합니다. 그리고 그곳에서 평화롭게 살고 있던 수족에게 1876년, 강제 이주를 명령합니다. 무려 400킬로미터를 걸어서 백인들이 만든 '인디언 보호구역Indian Reservation'으로 이동해 그 안에서 살라고 말입니다.

수족은 자신들의 운명을 건 결정을 내립니다. 험난한 400킬로미터를 어린아이, 노인들과 걸어서 이동하라는 건 가다가 죽으라는 소리와 마찬가지였습니다. 그래서 당시 수족의 지도자였던 '웅크린 황소Sitting Bull'는 백인 기병대와 맞서기로 합니다. 자기 부족의 어린이, 노인들이 죽음의 길을 떠나는 것을 보고만 있을 수 없었거든요.

1876년 6월부터 웅크린 황소가 이끄는 수족 전사들은, 최신식 무기로 무장하고 또 남북전쟁으로 실전 경험까지 쌓은 미국 백인 기병대와 맞서 싸웁니다. 첫 전투에서 승리하는 등 용맹스럽게 맞서 싸웠어요. 하지만 현실적으로 이 싸움은 수족이 이길 수 없는 싸움이었습니다. 백인들은 수족의 주식이었던 들소를 다 몰살시킵니다. 수족을 굶겨 죽이기 위해서죠. 그런 가운데서도 끈질기게 저항하던

1890년 12월 15일, 웅크린 황소가 동족인 인디언 자치 경찰의 총에 맞아 죽습니다. 얼마 지나지 않은 12월 29일, 백인 기병대가 수족 마을을 침략해 여자, 노인, 어린이 할 것 없이 수백 명의 부족민을 학살하면서 이들의 처절했던 사투는 끝을 맺습니다.

미국 백인들은 수족을 학살한 것도 모자라 더욱 잔인한 일을 벌입니다. 미국 사우스다코타주에 가보면 러시모어산Mount Rushmore이 있는데, 그 산에 역대 미국 대통령 네 명의 얼굴이 크게 조각되어 있어요. 관광지로도 유명하고 우리나라에서도 미국 중서부 단체 여행 중 꼭 방문하는 미국의 성지거든요. 그런데 그 백인 대통령들의 얼굴이 새겨져 있는 러시모어산은 바로 수족의 터전이었고 그 산은 수족의 성지聖地였던 것입니다. 백인들이 자신들에게 덤비고 저항한 수족의 정기를 말살시켜 버리기 위해 그곳에 백인 대통령의 얼굴을 새겨 넣은 겁니다. 수족의 입장에선 부족의 성스럽고 상징적인 산에 백인 정복자 네 명의 얼굴이 새겨진 것이지요. 이건 마치 광화문 광장에 이토 히로부미 동상을 세운 것과 마찬가지로, 수족에게 치욕적인 사건이었습니다.

이렇게 자신들의 성지에 새겨진 백인 정복자들의 얼굴을 두고 볼 수 없었던 수족의 후손들은 1947년 러시모어산 조각에 참여했던 조각가, 코자크 지올코브스키Korczak Ziolkowski에게 편지를 보냅니다. 편지 내용을 요약하자면 이렇습니다. '당신이 러시모어산 미국 대통령 조각 작업에 참여한 조각가란 걸 알고 이 편지를 보낸다. 무리한 부탁인 건 알고 있는데, 우리 수족도 영웅이 있었다는 사실을 후손들에게 알리고 싶다. 그래서 러시모어산 옆에 수족의 영웅 크레이지 호스Crazy Horse의 얼굴 조각상을 만들고 싶다. 그런데 우리가 돈이 별로 없어서 많은 돈을 드릴 수 없다. 거절해도 좋다. 그러나 우리의 마음만은 받아 달라'라는 편지를 보낸 겁니다. 크레이지 호스는 웅크린 황소와 함께 용맹하게 백인 기병대와 맞서 싸운 수족 전사였습니다.

편지를 읽은 코자크는 감동합니다. 그리고 자신의 사비를 털어서 러시모어산부터 27킬로미터 떨어진 선더헤드산Thunderhead Mountain에 크레이지 호스 얼굴을, 수족이 부탁했던 크기보다 네 배나 크게 조각하기 시작합니다. 백인 대통령 네 명의 조각상이 있으니, 수족 영웅 한 명의 얼굴을 그 네 명의 크기로 만들어 주겠다는 고마운 결정이었죠. 그런데 1982년 조각가 코자크가 사망하고, 자금이 부족해진 수족은 조각을 마무리하지 못합니다. 그래서 현재까지도 크레이지 호스의 얼굴 조각상 작업은 현재진행형이랍니다. 여러분도 혹시 나중에 미국에 가시면 여기 사우스다코타주의 크레이지 호스 조각상 현장에 꼭 한번 방문해 보세요. 소정의 입장료를 내야 하는데, 그 입장료가 모여 얼굴상 조각을 마무리하는 데 사용됩니다.

골칫덩어리 알래스카의
새로운 주인

여러분, 캐나다 서쪽, 거의 북극 근처에 있는 알래스카가 어떻게 해서 미국 땅이 되었는지 궁금하지 않으셨나요? 별로 안 궁금하셨다고요? 지금부터라도 관심을 가지시면 됩니다. 원래 알래스카는 러시아 영토였습니다. 그런데 남북전쟁이 끝난 지 2년 후인 1867년, 미국은 러시아로부터 뜻밖의 제안을 받습니다. 720만 달러에 알래스카를 사지 않겠냐는 제안을요. 당시 720만 달러를 지금 시세로 환산하면 우리 돈으로 약 1조 원 정도지요. 1조 원, 물론 큰돈입니다. 그런데 알래스카의 크기는 한반도의 17배입니다. 자그마치 17배요. 그걸 1조 원에 사는 건 결과적으로 엄청난 이득이었어요.

그럼 왜 러시아는 엄청난 규모의 영토를 미국에 넘길 생각을 했을까요? 크게 두 가지 이유 때문이었습니다. 첫 번째는 물범 때문입니다. 러시아는 알래스카에서 물범 사냥을 주로 했어요. 물범 가죽을 가져다 팔기 위해서요. 그런데 무분별한 물범 사냥으로 물범 씨가 말라 버린 겁니다. 그게 첫 번째 이유고요.

두 번째는, 당시 러시아는 유럽 곳곳에서 전쟁을 벌이던 상황이라 전쟁 자금이 필요해 유대인 자본가들로부터 돈을 상당히 빌린 상태였어요. 그런데 러시아의 예상과는 달리 전쟁에서 러시아가 계속 패합니다. 이 와중에 유대인들이 돈 갚으라고 독촉하니 러시아로서는 '급전'이 필요한 상황에 맞닥뜨립니다. 그런 가운데 눈에 들어온 것이 쓸모없는 얼음덩어리 땅, 알래스카였답니다.

러시아는 이를 교묘하게 협상에 활용합니다. 미국에 이렇게 유혹하죠. '어이, 미국, 우리 러시아가 이 알래스카를 영국에 팔까 생각 중이야. 그러면 이미 영국 식민지인 캐나다와 새롭게 영국 땅이 되는 알래스카가 힘을 합쳐 너희들 위에서 압박하면 부담되지 않겠어? 그러니까 우리가 알래스카를 영국에 팔기 전에 미국 너희들이 확 사 버려.' 당시 미국 측 협상 담당자는 윌리엄 수어드William Seward 국무장관이었어요. 대통령이 아니라 국무장관(우리나라로 치면 외교부 장관)이 국가 간의 협상을 주도했다니 뭔가 이상하지요? 그럼 대통령은 무엇을 하고 있었을까요? 당시 미국 대통령은 앤드루 존슨Andrew

○ 〈미국 국무장관 윌리엄 수어드의
초상화〉, 프랑크 북서, 1869
윌리엄 수어드의 초상화.
국무장관이었지만, 당시 미국의 실권을
쥐고 있었다.

Johnson이었는데 2년 전, 그러니까 1865년 링컨의 암살 이후 얼떨결
에 대통령이 된, 한마디로 '바지 사장'이던 인물이었답니다. 그래서
당시 미국의 실권은 수어드 국무장관이 쥐고 있었어요.

수어드 장관 얘기를 왜 하냐면요. 당시 미국 여론은 '아니, 그 돈을
주고 북극의 얼음덩어리를 왜 사? 미친 거 아니야?'라는 분위기였답
니다. 그러나 수어드 장관은 여론을 무시한 채 알래스카를 구매합니
다. 그래서 당시 미국 언론들은 알래스카를 '수어드의 냉장고'라고
부르며 수어드를 비판했답니다.

그럼 수어드 왜 그런 무리수를 두었을까요? 이런 정설이 아니라

'카더라 통신'입니다. 당시 러시아는 빨리 알래스카를 팔기 위해서 미국의 실질적인 권력자인 수어드 장관에게 엄청난 뇌물을 줬다는 설이 있었어요. 영리한 수어드는 바로 이런 명분을 내세웁니다. '아니. 내가 뇌물을 받긴 뭘 받아! 내가 알래스카를 산 건 그 땅을 영국에게 안 내주려고 했던 이유였어! 이제 알래스카가 미국 땅이 되었으니 영국 식민지인 캐나다를 위, 아래에서 샌드위치 압박을 할 수 있잖아! 너희들이 내 마음을 알아, 몰라?'라는 명분을 말이죠.

결론적으로 보면 미국이 알래스카를 사들인 건 정말 신의 한 수였습니다. 알래스카를 러시아로부터 구매할 때는 몰랐지만 나중에 그 땅속을 파보니 석탄, 석유를 비롯한 각종 광물이 어마하게 쏟아져 나온 겁니다. 특히 석탄의 경우 현재에도 전 세계 석탄 매장량의 10퍼센트가 알래스카에 묻혀 있답니다. 그리고 무엇보다 당시 러시아 정부는 몰랐을 겁니다. 약 80년 후부터 미국과 소련 사이에 '냉전'이 시작되고, 알래스카는 핵무기를 배치해 여차하면 소련을 날려버릴 수 있는 최고의 미국 전략기지가 될 것이란 것을요.

미국을
초강대국으로 만든 전쟁

대륙 횡단 철도로 태평양 연안까지 확실하게 장악한 것도 모자라 북극의 알래스카까지 손에 넣은 미국은 이제 무서울 것이 없었습니다. 미국은 본격적으로 유럽의 영국, 프랑스 등과 같은 해외 식민지 정복을 준비합니다. 미국으로서는 '우리도 이제 이 정도 힘을 키웠으면 유럽 열강들과 같이 해외 식민지 건설을 해도 되는 것 아닌가?' 라고 생각한 것이지요. 바로 미국 제국주의의 시작이었습니다.

미국은 먼저 서인도제도의 쿠바 쪽으로 눈길을 돌립니다. 당시 쿠바는 스페인의 식민지였는데, 놀라울 정도로 미국과 가까운 곳에 있었습니다. 플로리다 바로 앞바다에 있다고 해도 과언이 아닐 정도지요. 미국은 그런 쿠바가 신경이 쓰인 겁니다. 아니 바로 코앞에 스페인의 식민지가 떡하니 버티고 서 있는데 당연히 신경이 쓰이지요.

사실 쿠바인들도 쿠바가 스페인 식민지라는 사실이 마음에 들지 않았어요. 쿠바가 미국과 너무 가깝다 보니, 대부분의 교역을 미국과 하던 상황이었거든요. 사실 원칙적으로는 본국 스페인으로부터 지원도 받고 스페인과 교역을 하는 것이 맞지만 그러기엔 스페인과 쿠바의 거리가 멀어도 너무 멀었거든요. 1890년대 당시 쿠바는 미국에 농산물 등 1억 달러 이상을 수출하고 있었습니다. 쿠바는 그야말로 미국 없이 살 수 없던 상황이었답니다.

스페인은 이런 쿠바가 마음에 들지 않았어요. 그래서 쿠바에게 미국과 교역하지 말고 본국 스페인과 교역하라고 강요합니다. 그런데 똑같은 물건이라도 대서양 건너온 스페인제는 바로 코앞 미국에서 수입해 온 미제보다 훨씬 비쌌단 말이죠. 쿠바인들은 울며 겨자 먹기로 꾸역꾸역 비싼 스페인제를 구매합니다. 어쩔 수 없지요. 쿠바는 아직 스페인 식민지였으니까요.

미국도 그런 스페인에 대한 불만이 점점 쌓여갑니다. 미국으로서는 기껏 만든 제품을 쿠바에 팔겠다는데, 스페인이 계속 방해하는 상황이었으니까요. 그런 상황에 쿠바에서 농민 봉기가 일어납니다. 스페인 본국 정부가 아예 쿠바 농산물의 미국 수출을 법으로 막아

버렸거든요. 이에 격분한 쿠바 농민들이 들고일어난 것이죠. 스페인 본국 정부는 스페인군을 쿠바에 파병해 시위를 벌이는 농민들을 무참히 학살합니다. 미국은 스페인 정부에 학살을 중단하라고 강력하게 요구했지만, 스페인 정부는 그런 미국의 요구를 당연하게 무시합니다. 미국은 그런 스페인을 응징하고 싶었지만 마땅한 방법이 없었어요.

그때 쿠바 앞바다에서 엄청난 일이 발생합니다. 1898년 2월, 쿠바 앞바다에 정박 중이던 미국 해군 군함 메인호USS Maine가 갑자기 바다 위에서 폭발해 승무원 260명이 몰살당합니다. 그 원인은 정확히 밝혀내지 못한 가운데(아직도 그 원인을 알지 못해요) 미국 정부는 폭발의 배후로 스페인을 지목하고 4월 20일, 스페인을 상대로 선전포고합니다. 스페인과 본격적인 전쟁을 시작한 것이죠. 그 폭발 사고가 스페인과 전쟁을 벌이기 위해 미국 정부가 몰래 조작했다는 음모론이 지금까지도 있지만, 증명된 바는 없습니다.

하여간 이 전쟁이 바로 1898년에 일어난 미국-스페인 전쟁Span-ish-American War입니다. 아이러니하게도 청일전쟁이 청나라나 일본이 아니라 조선에서 벌어진 것처럼, 미국-스페인 전쟁도 미국이나 스페인에서 벌어진 것이 아니라 쿠바에서 벌어졌답니다.

드라마 〈미스터 선샤인〉 초반부를 보면 남자 주인공 '유진 초이'

가 미국 해병대 군인으로 참전해 스페인군과 싸우는 장면이 나오지요? 그 전쟁이 바로 미국-스페인 전쟁이랍니다. 드라마에서는 미군이 스페인군과 치열하게 싸우고 미군 전사자들도 속출하지만, 실제 전쟁에서는 미국 전사자가 거의 없었어요. 너무나 일방적인 전쟁이었거든요. 당시 미국의 군사력은 스페인 '따위'가 감히 덤빌 수 없던 수준이었습니다. 오죽 전쟁이 싱거웠으면 당시 이 전쟁을 '소풍 같은 전쟁War like a Picnic'이라고 평가했답니다.

하여간 스페인은 미국에 철저히 패배합니다. 스페인이 전쟁에서 진 대가요? 일단 스페인은 쿠바에서 완전 손을 뗍니다. 쿠바는 스페인으로부터 완전히 독립해요. 그리고 스페인은 서인도제도에 있는 푸에르토리코Puerto Rico와 괌Guam을 미국에 넘깁니다. 그래요. 괌이 미국령이 된 것이 바로 이때부터입니다. 그리고 스페인은 단돈 2000만 달러(한화 약 220억 원)에 필리핀을 미국에게 팝니다.

네, 이때부터 필리핀이 미국의 식민지가 됩니다. 이 소풍 같았던 전쟁, 미국-스페인 전쟁은 세계사에서 엄청난 의미가 있습니다. 지금까지 아메리카 대륙에서 형님 노릇을 하던 스페인이 역사 속으로 물러나고 새로운 강대국 미국이 세계 무대에 등장한 순간이었기 때문입니다.

아시아로
눈을 돌리는 미국

미국-스페인 전쟁에서 승리하며 괌, 필리핀 등을 손에 넣은 미국은 이제 본격적으로 제국주의의 길을 걷습니다. 다른 나라를 강제로 무력으로 식민지로 만든 다음, 그 나라의 국민과 자원을 착취하는 것이 제국주의랍니다. 그런데 미국이 막상 해외 식민지를 좀 만들어 볼까 싶었는데, 세계 지도를 놓고 들여다보니 이미 세계 대부분을 영국과 프랑스가 식민지로 만들어 버린 상태였습니다.

그런 미국의 눈에 중국(청나라)이 들어옵니다. 물론 그 당시 청나라는 영국과의 아편전쟁에서 패배한 후 거의 영국의 식민지나 다름없는 상황이었지만, 공식적인 식민지는 아닌 애매한 상태였어요. 미국은 '애매한 상태의 청나라, 우리도 한번 차지해 볼까? 이 큰 땅덩어리를 영국 혼자 먹는 건 너무 아깝잖아'라고 생각한 것이지요. 영국이 차려 놓은 밥상에 숟가락 하나 슬며시 올릴 심보였습니다.

마침, 청나라에서 미국의 침략 명분이 될 사건 하나가 터져요. 1900년, 청나라에서 발생한 '의화단 운동'이 바로 그 사건입니다. 당시 중국은 아편전쟁으로 영국에게 패배하고, 여러 서구 열강에 강제로 개항을 당하고 있었습니다. 서양 세력들이 마구 들어와 청나라에서 적극적으로 기독교 포교 활동을 했어요. 그런데 이런 상황에 대해 당시 청나라 사람들이 큰 반감을 보이기 시작합니다. '아니, 우리 청나라 사람들이 지난 수백 년 동안 도교, 불교 등을 믿고 잘 살아왔는데 저 백인 놈들이 갑자기 들어와 자기들 신을 믿으라고 강요하다니. 이건 못 참아!'라고 난을 일으켜요. 그것이 바로 1900년도에 발생한 '의화단 운동'이랍니다. '의화단'이라는 무술 연마 단체가 주도해서 일으킨 난이라 그렇게 불러요.

의화단 운동은 조금 웃기면서도 슬프게 전개됩니다. 의화단은 '서양인들의 신이라는 예수가 하늘을 난다고? 청나라에도 하늘을 나는 신이 있다. 바로 손오공이다!'라고 주장하며 실제로 손오공을 신으로 믿었어요. 그리고 '서양인들이 쏘는 총알은 무술 연마로 피할 수 있다. 그리고 내공에 강력하면 총알을 맞아도 죽지 않는다! 저 총을 맞고 죽는다면 수련이 덜 되었기 때문이다'라는 지금 생각하면 말도 안 되는 논리를 주장했답니다. 그리고 눈에 보이는 서양 선교사들을 다 죽이자고 하며 실제로 서양 선교사뿐 아니라 백인까지 눈에 보이면 닥치는 대로 살해했답니다. 정말 잔인하게 살해했어요(인터넷에 검색하면 그 당시 의화단 운동이 얼마나 잔인했는지 알 수 있는데, 정말 잔인하니 웬만하면 보지 않기를 추천합니다).

이렇게 마구잡이로 외국인을 살해하는 의화단 운동에 서구 열강들은 당연히 가만히 있지 않았겠지요. 영국, 러시아, 독일, 프랑스, 이탈리아, 오스트리아, 일본 그리고 미국(다수의 미국 선교사들도 살해당합니다) 등 8개국은 연합군을 만들어 청나라의 수도 베이징으로 쳐들어갑니다. 왜냐하면 당시 청나라 정부는 이 의화단 운동을 청나라에 주둔한 외세 세력들을 몰아내는 수단으로 악용했거든요. 몰래 의화단에 자금도 지원하면서요. 이 백인 몰살 사태의 배후에 청나라 정부가 있다고 분석한 8개국은 청나라 정부를 손보기 위해 수도 베이징으로 진격한 것입니다.

수도 베이징이 점령당하자 청나라 정부는 바로 백기를 듭니다. 이제 무슨 시간? 그렇죠. 중국이 이 8개국에 배상금을 토해낼 시간이지요. 8개국은 청나라 정부에 '청나라 1년 예산의 6배에 해당하는 배상금'을 토해내라고 요구합니다. 당연히 중국 정부는 반발했겠지

○ 칭화대학교 전경
중국의 명문 칭화대학교의 뿌리에는 의화단 운동과 미국이 있다.

요. 그러자 8개국은 청나라 영토 전체를 점령하겠다고 협박했고, 청나라 정부는 배상금을 토하기로 약속합니다. 미국도 엄청난 배상금을 청나라로부터 받을 예정이었지만, 받지 않습니다. 그 대신 청나라에 미국식 교육을 할 수 있는 대학교를 하나 설립할 수 있게 해 달라고 합니다. 그리고 1909년에 그 대학교의 문을 엽니다. 바로 베이징대학교와 함께 중국 양대 명문대로 평가받는 '칭화대학교'입니다.

왜 대학교를 만들었냐고요? 미국이 머리를 잘 쓴 겁니다. 미국식 대학교를 청나라에 만들어 미국식 교육을 통해 청나라 엘리트들을 친미파로 만들겠다는 속셈이었거든요. 하여간 의화단 운동으로 얼떨결에 청나라에 대규모 군대를 파견할 수 있었던 미국은 일순간에 청나라에 큰 영향을 미치는 서구 열강 중 하나로 자리매김했습니다.

미국, 대한제국을
일본에 넘기다

자, 미국은 청나라를 시작으로 아시아 진출에 본격적인 박차를 가하기 시작했어요. 그런데 이런 미국의 눈에 좀 거슬리는 나라가 하나 있었습니다. 바로 러시아였어요. 당시 러시아는 한창 아시아, 특히 동아시아로의 진출에 진심이었거든요. 왜냐고요? 영국과 프랑스는 이미 아시아에서 식민지 건설로 구슬땀을 흘리고 있던 상황인데, 같은 유럽인 러시아도 빠질 수는 없었거든요.

러시아는 특히 러시아 시베리아와 연결된 만주와 한반도에 군침을 흘리고 있었답니다. 이미 영국, 프랑스 등에 의해 박살이 난 청나라에는 들어갈 틈이 없어 보이고, 베트남과 같은 동남아시아는 러시아로부터 너무 멀리 있다 보니, 가장 만만한 만주와 한반도를 찜한 것이지요.

이해를 돕기 위해 먼저 이 당시의 동아시아 상황을 이야기해 볼게요. 청일전쟁(1894), 말이 청일전쟁이지, 일본과 청나라가 조선을 두고 조선 땅에서 벌인 어이없는 전쟁이었답니다. 결과는? 청나라가 대패합니다. 그럼 전쟁에서 졌으니 뭔가 배상해야겠지요? 청나라는 대만과 한반도 북쪽의 랴오둥반도를 일본에 넘깁니다. 이때부터 대만이 일본 식민지가 됩니다. 일본은 대만도 랴오둥반도도 손에 넣었으니, 아예 만주 벌판을 일본 식민지로 만들기로 합니다.

그런데 그런 일본에 제동을 건 나라가 있었어요. 바로 러시아였답니다. 러시아로서는 랴오둥반도로 진출하려고 한창 준비하고 있었는데, 일본이 선수를 친 것이죠. 그래서 러시아는 일본에 랴오둥반도를 토해내라고 합니다. 러시아 혼자 이런 말도 안 되는 주장을 하기에는 본인들도 좀 무리라고 생각했는지, 옆 이웃인 프랑스와 독일의 힘까지 빌립니다. 이 세 나라가 일본에 랴오둥반도를 토해내라고 공식적으로 요구합니다. 세계사에서는 삼국간섭(1895)으로 기록된 사건이랍니다. 세 나라가 일본에 간섭했다는 뜻이지요.

일본은 과연 청일전쟁으로 얻은 랴오둥반도를 토해냈을까요? 네,

피를 토하는 심정으로 랴오둥반도를 청나라에 반환합니다. 일본도 막 청일전쟁을 끝내 지칠 대로 지친 상태였고, 러시아 하나만 상대하기도 벅찬데 유럽 열강 세 나라와 동시에 한판 붙는 것은 억울하지만 무리수라는 것을 잘 알았거든요. 물론 러시아는 다시 청나라에 '어이, 우리가 힘써서 랴오둥반도 다시 돌려줬는데 뭐 없나?'라고 생색을 내면서 만주 지역에 철도를 만들 권리와 랴오둥반도의 여러 항구 등을 가져갑니다. 세상에 공짜는 없으니까요.

한편, 랴오둥반도를 빼앗겨 좋다 말게 된 일본은 이를 갈면서 러시아를 향한 복수를 준비합니다. 약 10년 후인 1904년, 이 문제의 '랴오둥반도'에서 그 복수의 서막이 시작됩니다. 바로 우리에게도 익숙한 러일전쟁입니다.

1904년, 일본은 선전포고도 없이 당시 랴오둥반도에 주둔하고 있던 러시아군을 기습 공격하면서 러일전쟁을 일으켰어요. 물론 표면적인 이유는 랴오둥반도 탈환이었지만, 그보다 더 큰 이유가 있었어요. 청일전쟁 이후에 러시아와 일본은 한반도(당시 대한제국)를 놓고 서로 신경전을 벌이던 상황이었거든요. 러시아는 당시 대한제국에 영향력을 행사하던 상황이었는데, 일본은 대한제국까지 러시아에 빼앗길 수 없다고 판단해 러시아에게 선제공격을 한 것입니다.

이런 러시아와 일본의 움직임을 당시 미국은 가만히 주시합니다.

그리고 일본을 몰래 지원합니다. 왜? 미국으로서도 러시아 같은 강대국이 미국과 같은 시기에 아시아에 진출하면 당연히 미국 몫이 줄어들 것 아닙니까? 그런데 고맙게도 일본이란 나라가 알아서 러시아의 아시아 진출을 막아준다고 하니 일본을 지원한 겁니다. 러일전쟁의 결과는 미국의 적극적인 지원을 받은 일본의 승리였어요. 러시아로서는 러일전쟁의 패배가 충격과 공포였다고 해요. 그래도 유럽의 제국이라고 불리었는데, 일개 아시아 섬나라에 패한 것이니까요.

미국은 신이 났어요. 자신들의 지원으로 의도대로 일본이 전쟁에서 이겼으니까요. 미국은 러시아와 일본 대표를 미국으로 불러요. 미국에서 '전쟁 종료 조약'에 서명하고 화해하라는 조치였죠. 전쟁이 끝난 1905년 8월, 미국 동부의 조그만 항구 포츠머스Portsmouth에 두 나라 대표를 불러서 '강화조약講和條約, treaty of peace'을 맺게 합니다. 이 역사책에 자주 등장하는 강화조약은 강화도에서 체결하는 조약이라는 뜻이 아닙니다. 강화조약은 간단히 말해 '전쟁 치른 놈들이 한자리에 모여, 진 쪽이 이긴 쪽에게 어떻게 손해배상을 할지'를 결정하는 회담이랍니다.

하여간, 미국 포츠머스에 러시아, 일본 두 나라 대표가 앉아 '포츠머스 조약'을 체결하는데 그 조약 가운데 가장 중요한 합의가 바로 '일본이 대한제국에 대해 정치, 군사, 경제적 우월권이 있으며 관리,

○ 윌리엄 태프트(좌)와 가쓰라 다로(우)
미국 육군장관 윌리엄 태프트와 일본 총리 가쓰라 다로는 극비리에 가쓰라-태프트 밀약을 체결한다.

감독, 보호 조치할 수 있음을 승인한다'라는 부분입니다. 즉, 이 포츠머스 조약 이후에 실질적으로 대한제국은 일본의 식민지가 되어 버립니다. 그것도 러시아와 미국의 동의하에서요. 그런데 포츠머스 회담에서 미국이 일본 편을 드는 사이에, 미국과 일본은 도쿄에서 은밀한 협약을 하나 합니다. 당시 미국 대통령이었던 시어도어 루스벨트Theodore Roosevelt는 미국 특사로 미국 육군장관 윌리엄 태프트William Howard Taft를 극비리에 일본 도쿄로 보냈어요. 그리고 일본 총리였던 가쓰라 다로桂太郎와 조용히 밀약을 체결합니다.

그 합의 내용은 가히 충격적이었어요. '미국은 일본이 대한제국을 꿀꺽 먹는 데 동의를 한다. 그 대신에 일본도 미국이 필리핀을 꿀꺽 먹는 데 동의한다'라는 내용이었습니다. 이것이 1905년 7월 체결된 그 악명 높은 '가쓰라-태프트 밀약The Katsura-Taft Agreement'이랍니다. 이 조약 체결로 미국은 일본이 한반도를 식민지로 만드는데 눈 감아 줬어요. 러시아요? 러시아는 이미 러일전쟁에서 패배한 후 미국과 일본이 하자는 대로 다 따르던 상황이었답니다. 이제 일본이 한반도를 집어삼키는 것을 전 세계 강대국들이 다 알게 되었어요.

그런 걸 모르던 딱 한 사람이 있었습니다. 바로 대한제국의 고종 황제였죠. 그리곤 이 가쓰라-태프트 밀약이 체결된 후 4개월 후인 1905년 11월, 대한제국은 일본에 외교권을 빼앗기게 됩니다. 바로 역사에 '을사늑약'으로 기록된 그 치욕입니다. '늑약勒約'은 강제로 체결한 조약을 의미합니다. 이 을사늑약 이후 대한제국은 실질적으로 일본의 식민지로 전락하고 맙니다. 그리고 이 모든 일의 큰 책임이 있는 미국의 시어도어 루스벨트 대통령은 러일전쟁을 '평화적'으로 해결한 것에 미국인 최초로 노벨 평화상을 받았습니다. 정말 씁쓸한 일이지요.

제1차 세계대전 참전

　미국은 러일전쟁 중재를 통해 세계 무대의 그 큰 존재감을 드러냅니다. 그런 가운데 1914년 유럽대륙에서 인류 최초의 세계대전인 제1차 세계대전(1914~1918)이 발발합니다. 미국은 일단 중립을 유지해요. 유럽의 일에 미국이 직접 개입하기 싫다는 이유였지요. 하지만 당시 독일에 대항해서 싸우던 영국과 프랑스에 엄청난 자금과 무기를 지원하기 시작했답니다.

　왜 영국과 프랑스의 편에 든 걸까요? 제1차 세계대전에서는 히틀러 같은 무지막지한 독재자도 없었기에 미국이 딱히 독일을 미워할 이유는 없었습니다. 하지만 미국 내 여론은 '독일 편을 들 바엔 영국과 프랑스를 도와주자'로 형성되었습니다. 사실 당연한 결과였습니다. 미국이라는 나라의 시작을 다시 생각해 볼까요? 맞습니다. 미국과 영국이 비록 사이가 좋지 않지만 미국의 원래 뿌리는 영국입니다. 거기에 당시 미국민의 대부분이 '영국계' 주민이었어요. 그리고 프랑스는 '미국 독립'을 도와준 은인이었지요. 심지어 1876년에는 미국 독립 100주년을 기념해 프랑스가 미국에 자유의 여신상을 선물했어요. 맞아요. 뉴욕 앞바다에 있는 그 자유의 여신상은 프랑스가 미국에게 준 선물입니다.

○ 자유의 여신상
미국의 상징이기도 한 자유의 여신상은 프랑스의 미국 독립 100주년 선물이다.

○ 루시타니아호
1915년 5월 7일, 영국 호화여객선 루시타니아호가 독일 잠수함에 격침되는 사건이 발생한다.

당연히 미국 내 여론은 영국과 프랑스를 돕자는 쪽으로 형성되었습니다. 그런 가운데 1915년 5월 7일, 그러니까 제1차 세계대전이 터진 후 약 1년이 지났을 무렵 대서양 바다에서 엄청난 사건 하나가 발생합니다. 약 1200명의 승객을 싣고 항해하던 영국 호화 여객선 루시타니아호Lusitania가 독일 잠수함에 격침되는 일이 발생합니다. 대부분 승객이 바다에서 사망했어요. 희생자 중에서는 128명의 미국인도 있었어요. 미국은 충격에 빠집니다. 왜? 바로 3년 전에 아주 비슷한 사건으로 이미 미국인들은 트라우마에 빠져 있던 상태였거든요. 바로 '타이타닉호 침몰' 사고였습니다. 루시타니아호 사건 이

후 미국 내에서 급격하게 반反독일 여론이 폭발했어요.

독일은 당황했어요. 독일도 충분히 알고 있었습니다. 이 전쟁에 중립을 지키던 신흥 강대국 '미국'이 참전하면 독일이 아주 곤란한 상황이 된다는 것을요. 초조해진 독일은 결국 무리수를 두고 맙니다. 미국 바로 아래에 있는 멕시코에 '어이, 멕시코. 밑에서 위에 있는 미국을 좀 공격해 주면 우리 독일이 아주 고맙겠어. 미국이 멕시코로부터 빼앗아 간 텍사스 등 남부 영토를 다시 멕시코가 되찾는 것을 우리가 도와줄게'라는 제안을 한 겁니다. 물론 이 과정이 아주 어설퍼서 중간에 미국이 알아챕니다. 미국으로서는 독일이 넘지 말아야 할 선을 넘었다고 판단한 것이죠. 결국 미국은 1917년 4월 6일, 제1차 세계대전의 참전을 결정합니다.

신흥 강대국 미국의 힘은 실로 엄청났습니다. 이른바 서부전선에서 고전을 면치 못하던 영국과 프랑스는 미군들의 도움으로 결국 독일에 승리합니다. 미국은 유럽에서 벌어진 제1차 세계대전 승리에 결정적 역할을 한 '세계 초강대국'으로 떠올랐습니다. 1607년, 자국을 떠나 대서양 건너 버지니아 늪지대에서 담배 농사를 시작했던 영국인들의 후예들이 300년 만에 다시 대서양을 건너온 것입니다. 이번엔 '담배 농사꾼'이 아니라 세계를 호령할 초강대국으로 말입니다. 미국사, 여기서 마칩니다.

대한제국을 우롱한 미국 공주

가쓰라-태프트 조약을 몰래 체결하러 일본을 방문했던 윌리엄 태프트 일행 중엔 당시 미국 대통령의 딸 앨리스 루스벨트Alice Lee Roosevelt도 같이 있었어요. 아버지도 어찌할 도리가 없을 정도의 천방지축 망나니 딸이었다고 해요. 앨리스가 태프트를 따라 일본에 와서 바로 옆 나라 대한제국도 구경하고 싶다고 요청합니다. 1905년 9월 19일(가쓰라-태프트 조약이 이미 체결된 후)에 제물포(지금의 인천)에 앨리스 일행이 도착했어요.

당시 고종 황제는 앨리스 일행에게 국빈 대접을 합니다. '미국의 공주가 오셨다'라고 외치면서요. 미국 왕의 딸이니 공주라고 생각했겠지요. 그럼 고종은 앨리스 일행을 왜 그리 극진하게 대접했을까요? 바로 미국의 도움을 받아 일본의 손아귀에서 벗어나고 싶었던 겁니다. 지푸라기라도 잡고 싶은 심정이었지요. 심지어 억울하게 죽은 자신의 부인 명성황후의 능 앞에서 성대한 술 파티까지 열어 줬어요. 당시 대한제국의 법도로선 상상도 할 수 없던 일이었어요. 그러나 고종은 술 파티를 벌입니다. 저 능 안에 죽어 누워 있는 내 아내가 일본에 의해 죽임을 당했다는 사실을 알리고 싶었기 때문이지요.

그러나 고종의 이런 눈물겨운 노력은 사실 처음부터 소용이 없었어요. 가쓰라-태프트 밀약이 체결될 때 앨리스는 바로 그 현장에 있었고, 앨리스를 조선 땅에 데리고 온 인물이 바로 윌리엄 태프트였기 때문입니다. 즉, 그녀는 이미 모든 걸 다 알고 있었음에도 불쌍한 고종의 마지막 몸부림을 그저 측은하게 보고만 있었던 겁니다. 나중에 앨리스는 자신의 자서전에서 이런 고종의 눈물겨운 모습을 '처량했다pathetic'라고 묘사했어요.

2부

패권을
노리는 나라,
러시아

상트페테르부르크

모스크바

북서
연방관구

우랄
연방관구

중앙
연방관구

볼가
연방관구

남부
연방관구

북캅카스
연방관구

극동
연방관구

시베리아
연방관구

블라디보스토크

| 러시아 기본 정보 |

- **국명**　　　러시아연방
- **수도**　　　모스크바
- **면적**　　　1709만km²(한반도의 78배, 미국의 1.8배)
- **행정구역**　8개 연방관구로 묶인 85개 연방 구성체
- **언어**　　　러시아어
- **인구**　　　약 1억5천만 명
- **종교**　　　러시아정교(75%), 이슬람교(5%), 유대교, 가톨릭교 등

1장

러시아의 성장과 유럽의 견제

1806~1873

러시아, 유럽의 주목을 받다

1806
나폴레옹, 유럽 전역에
대륙 봉쇄령을 선포하다.

1812
나폴레옹이 이끄는 군대,
모스크바를 점령하다.

1814
나폴레옹, 엘바섬으로
유배를 가다.

1853
러시아와 연합군, 크림 반도를 놓고
크림전쟁 발발하다.

1861
알렉산드르 2세, 농노제를 폐지하다.

1873
젊은 지식인들이 주도하는
'브나로드 운동'이 시작되다.

나폴레옹 덕에
급성장한 변두리 국가

자, 이제 미국사에 이어 러시아 근현대사를 시작해 봅시다. 러시아는 우리나라 역사, 특히 근현대사에 엄청난 영향을 미쳤어요. 일본군이 경복궁에 무력으로 침입해 명성황후를 시해한 '을미사변(1895)'부터, 을미사변 이후 신변의 위협을 느낀 고종이 러시아 외교 공관으로 도망친 '아관파천(1896)', 우리나라 땅에서 일본과 러시아가 전쟁을 벌인 '러일전쟁(1904~1905)', 그리고 6·25 전쟁까지 러시아는 우리나라 근현대사에서 엄청난 비중을 차지합니다. 그런데도 러시아 역사에 대해 잘 모르는 분들이 많은 것이 안타까운 현실이랍니다. 그래서 지금부터는 그 방대한 러시아 역사 가운데 세계사적으로 중요한, 그리고 우리 역사와 관련이 있는 부분을 중심으로 이야기를 풀어 보겠습니다.

　러시아 역사 가운데 여러분과 함께 시작할 시대는 로마노프 황족이 군림하던 '로마노프 황조Romanov dynasty' 시대랍니다. 로마노프는 조선을 다스렸던 전주 이씨와 같이 당시 러시아를 다스리던 왕족의 이름이랍니다. 유럽 변두리 국가였던 러시아가 본격적으로 유럽사에 당당한 주요 국가로 등장한 시기도 이 로마노프 황조 때였어요. 이 로마노프 황조, 우리와도 관계가 깊어요. 고종이 수도 서울 안에서 도망간 러시아 외교 공관은 로마노프 황조의 외교 공관이었고, 한반도 주도권을 놓고 일본과 대판 싸운 러일전쟁도 로마노프 황조 때 일어났답니다. 그리고 러시아 혁명으로 쫄딱 망한, 즉 러시아 역사의 마지막 황조 또한 로마노프 황조입니다.

　자, 타임머신을 타고 로마노프 황조 시기, 정확히 1812년으로 날아가 봅시다. 이 시기는 유럽 전역이 나폴레옹에 의해 박살이 나던 시기였습니다. 이른바 나폴레옹의 유럽 정복 기간(1805~1814)이었지요. 예, 맞아요. 불량 인쇄소에서 잘못 만들어서 '불가능'이란 단어가 빠진 이상한 사전을 가지고 다니신 그 키 작은 프랑스 아저씨, 나폴레옹 맞습니다. 이 나폴레옹이 스페인과 포르투갈을 점령하자 남미에 있던 스페인과 포르투갈 식민지들이 일제히 독립합니다. 우리가

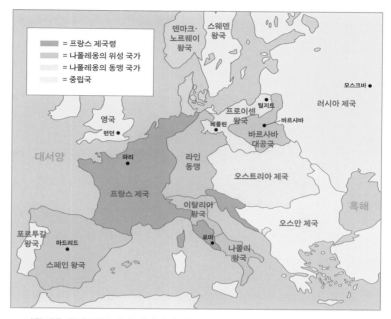

○ 나폴레옹 유럽 정복 기간 당시의 유럽

유럽을 정복해 나가던 나폴레옹은 영국을 차지하기 위해 유럽 전역에 대륙 봉쇄령을 선포한다.

알고 있는 멕시코, 브라질, 아르헨티나, 콜롬비아, 베네수엘라 등 대부분의 남미 국가들이 1800년대 초반, 나폴레옹 덕분에 독립하게 됩니다.

유럽 전체를 쑥대밭으로 만들어 버린 나폴레옹, 이제 바다 건너 영국까지 넘봅니다. 다만, 대서양을 건너야 했기에 그리 쉬운 일이 아니었답니다. 그래서 나폴레옹은 영국을 굶겨 죽이자는 생각으로

1806년, '대륙 봉쇄령'을 유럽 전역에 선포합니다. 영국은 유럽과 대서양을 통한 무역으로 먹고사는데, 그 바다를 봉쇄해 버린 겁니다. '영국과 몰래 거래하다 들키면 가만 안 두겠다'라는 서슬 퍼런 경고까지 하면서요. 유럽의 대부분 국가가 대륙 봉쇄령을 따랐어요.

그런데 당시 유럽에서 가장 못살던 동쪽 끝의 한 농업국가가 대륙 봉쇄령을 기어이 어기고 맙니다. 네, 이쯤이면 감이 오시죠? 바로 러시아였습니다. 러시아로서는 생산되는 농산물을 영국에 팔아야 그나마 나라가 굴러가던 상황이었거든요. 대륙 봉쇄령보다 먹고 사는 문제가 더 시급했던 러시아는 농산물을 영국에 팔다가 그만, 딱 나폴레옹에게 걸리고 맙니다.

나폴레옹이 이런 러시아를 가만 놔뒀을까요? 당연히 아니죠. 걸리면 가만두지 않겠다고 서슬 퍼런 경고까지 했는데요. 1812년 6월 24일, 나폴레옹은 러시아에 본때를 보여 주겠다며 그 이름도 유명한 '러시아 원정'을 감행합니다. 유럽 전역을 발밑에 둔 나폴레옹에게 러시아는 정말 한주먹 거리도 안 되어 보였어요. 이기는 건 당연하고 이 기회에 러시아를 쑥대밭으로 만들어 주변국들에 보여 주고자 했답니다. 이러니, 러시아 원정에 프랑스군 외에도 독일(당시 프로이센), 폴란드, 오스트리아 등에서 다국적군 약 60만 명을 모아 원정을 떠납니다. 유럽 역사상 최대 규모의 원정이었습니다.

그렇게 러시아 원정을 떠났는데 목표 지점인 모스크바가 생각보다 멀었고 가는 길이 정말 험했어요. 참고로 나폴레옹 군대는 계획했던 현지 식량 조달이 제대로 이루어지지 않아 굶주리는 상황이었습니다. 한편, 러시아군은 1812년 9월 7일, 모스크바 인근에서 멀고 먼 길을 걸어온 나폴레옹 군대와의 결전을 준비합니다. 아무리 대군이라고 해도 2500킬로미터, 즉 서울에서 부산까지의 다섯 배 거리를 걸어서 온 나폴레옹 군대는 죽을 각오를 하고 악귀 같이 달려드는 러시아군에게 큰 피해를 봅니다. 단 한 번의 전투로 5만 명의 나폴레옹군이 전사합니다.

그럼에도 불구하고 워낙 군대의 규모가 크다 보니 나폴레옹의 대군은 1812년 9월 15일, 결국 모스크바를 점령합니다. 이에 러시아 황제는 모스크바를 떠나 페테르부르크(나중에 소련 시대에 레닌그라드라고 불렸던 도시)로 피난을 가 결사 항전을 선언해요.

나폴레옹은 마음이 급해졌어요. 왜냐? 직접 경험하지는 않았지만, '지옥처럼 춥다'라는 러시아의 겨울이 점점 다가오고 있었거든요. 계속해서 러시아 황제 알렉산드르 1세에게 사신을 보내 항복할 것을 요구합니다. 물론 철저히 무시당합니다. 그런 와중에 모스크바 시내에서 대형 화재가 발생해요. 당시 항간엔 알렉산드르 1세가 모스크바를 점령한 나폴레옹 군대 때문에 일부러 도시에 불을 질렀단 소문도 돌았답니다. 왜냐고요? 불만 끄면 또 화재가 발생하고, 또 끄면 또 나고, 모스크바의 4분의 3이 잿더미가 되었답니다. 누군가 일부러 계속 불을 질렀다는 것이죠.

모스크바의 겨울은 생각보다 빨리 찾아옵니다. 추위도 힘든데 보급이 끊겨 식량마저 없던 나폴레옹 군대는 모스크바를 점령한 지 1개월 만인 10월 19일, 퇴각을 결정합니다. 그런데 황당한 일이 일어납니다. 막상 퇴각하는 군사들이 말이죠, 모스크바에 올 때보다 더 짐이 많아진 겁니다. 병사들이 '이렇게 개고생을 했는데 빈손으로 돌아갈 수 없다'라는 생각에 온갖 물건을 약탈한 것이죠. 특히 이 군대가 프랑스 병사로만 만들어진 것이 아니라 오스트리아, 폴란드 등에서 억지로 끌려온 '용병'들도 있었기에 그냥 손해 보고 갈 수 없다는 생각을 한 겁니다. 올 때보다 짐이 더 많아졌다면 퇴각의 속도가 어찌 될까요? 올 때보다 훨씬 느려지겠지요. 그런 가운데 그 무시무시한 러시아의 동장군冬將軍이 이들을 덮치고 맙니다.

나폴레옹의 병사들은 그야말로 대혼돈에 빠집니다. 생애 처음 맛보는 골수까지 떨리는 추위에 하나둘씩 길가에서 얼어 죽고 맙니다. 얼어 죽은 말의 뒷다리 하나를 놓고 싸우기도 하고, 얼어 죽은 전우의 시신을 의자 삼아 쭈그리고 앉아 모닥불에 몸을 녹였답니다. 심지어 이런 일화도 있어요. 프랑스군이 모닥불을 피우고 몸을 녹이고 있는 건물에 불이 난 겁니다. 보통 전우라고 하면 이 상황에서 불을 끄고 건물에 갇힌 전우를 구해야 하잖아요. 그런데 용병들은 살려달라고 절규하는 동료들을 외면하고 그냥 불타는 건물 주위에 서서 언 몸을 녹였다고 해요.

자, 이제 러시아 복수의 시간이 왔습니다. 잠시 몸을 피했던 러시아 황제 알렉산드르 1세, 정신없이 후퇴하는 나폴레옹 군대의 뒤를 쫓아 작살을 냅니다. 러시아로 원정 온 나폴레옹의 60만 대군 중 살아서 프랑스로 귀환한 군사는 불과 3만 명밖에 되지 않았습니다. 러시아 원정 실패로 나폴레옹의 정치적 생명은 끊깁니다. 나폴레옹은 1814년 4월, 강제로 황제 자리에서 끌려 내려와 이탈리아 서해안에 있는 엘바섬으로 유배를 가게 됩니다. 결과적으로 봤을 때 러시아의 알렉산드르 1세가 유럽을 구한 셈이 된 겁니다. 러시아에서는 나폴레옹과의 전쟁을 '조국전쟁'이라고 부릅니다.

러시아 원정 이후, 유럽 국가들은 러시아를 이전과 다르게 보기 시작했어요. 유럽 전역을 지배한 나폴레옹을, 그 천하무적 나폴레옹을 꺾은 나라가 어디? 맞습니다. 유럽 변방 중의 변방이었던 러시아였던 겁니다. 러시아는 일순간 유럽의 영웅이 되었고 유럽에서 가장 영향력 있는 나라 중 하나로 떠 올랐습니다. 러시아가 세계사 중심에 등장하는 순간이었습니다.

급속도로 성장하는
러시아를 막아라

유럽 내에서 입지가 생긴 러시아는 자신감에 넘쳤어요. 이제 다른 유럽 열강(여러 강한 나라)처럼 영토를 넓혀 나가기 시작합니다. 세계사에서는 국력이 커지면 거의 다 영토를 넓혀 갔어요. 미국, 일본, 영국, 프랑스, 독일 등 예외가 없었답니다. 그런데 러시아의 경우 이 정복 사업에 문제가 있었습니다. 바로 '바다로 나갈 길'이 없었거든요. 다른 나라나 대륙으로 진출하려면 반드시 바다를 지나야 하는데 러시아는 땅덩어리만 넓었지 정작 바다로 나가는 길이 없다는 겁니다. 물론 그건 지금도 마찬가지입니다. 북극 빼고는 정말 바다로 나갈 구멍이 없어요. 그래서 우리가 대게찜을 먹으러 가끔 놀러 가는 블라디보스토크가 있는 연해주를 차지하기 위해 그렇게 애를 쓴 것이랍니다. 연해주를 차지해야 태평양으로 겨우 나갈 수 있으니까요.

러시아는 흑해Black Sea로 눈을 돌립니다. 지도 한번 보세요. 흑해는 내륙 땅 안에 있는 내해內海지요? 러시아로서는 그 흑해를 거쳐야만 지중해로 들어갈 수 있고, 지중해를 통해서야만 그 광활한 대서양으로 나갈 수 있어요. 삼면이 바다로 둘러싸인 우리나라와는 정반대이지요. 여하튼 러시아는 흑해를 노릴 수밖에 없던 상황이었어요. 당시 흑해는 남쪽의 오스만 제국(지금의 튀르키예)가 차지한 상황이었답니다. 지금도 흑해의 남쪽은 튀르키예 영토예요. 이 흑해를 차지하기 위해서 반드시 확보해야 하는 지역이 있습니다. 바로 흑해 위쪽 '방울'처럼 생겨서 남쪽으로 툭 튀어나온 반도가 하나 있지요? 바로 크름반도입니다. 이곳을 차지해야 실질적으로 흑해를 차지할 수 있다는 것을 쉽게 알 수 있어요. 러시아는 이곳을 차지해 더 나아가서는 흑해의 실질적인 지배자가 되기로 합니다.

기억이 쉽게 나지 않을 수도 있지만, 우리 잠시 학창 시절 세계사 수업 시간을 떠올려 볼까요? 세계사 시간에 크림전쟁이 무슨 팔레스타인의 기독교 성지를 러시아, 영국 그리고 프랑스가 서로 차지하기 위해 벌인 전쟁이라고 배웠잖아요. 물론 전쟁의 명분은 그것이 맞습니다. 다만 종교적 성지 쟁탈전은 단지 '명분'이었습니다. 실질으

○ 크림전쟁 전개도

흑해를 통해 본격적으로 영토 진출을 하려던 러시아와, 이를 막으려는 프랑스와 영국이 충돌했다.

로 크림전쟁은 흑해를 통해 바다로 나가 팽창하려는 러시아, 그런 러시아를 막으려는 영국과 프랑스가 흑해를 두고 싸운 전쟁이었어 요. 지중해로 나오려는 러시아, 러시아를 막는 영국과 프랑스. 이 전 쟁 중 가장 치열하게 싸웠던 곳이 크림반도였기 때문에 크림전 쟁Crimean War이라고 부르는 겁니다. 이 전쟁에서 활약한 영국의 간호 사가 바로 우리가 잘 아는 '플로렌스 나이팅게일Florence Nightingale'입

○ 〈자비로운 사명: 스쿠타리에서 부상자들을 돌보는 플로렌스 나이팅게일〉,
제리 바렛, 1857
위생 상태를 개선해 야전 병원의 사망률을 2퍼센트까지 낮춘 나이팅게일의 모습을 담았다.

니다.

영국, 프랑스 vs. 러시아의 2:1 대결입니다. 전쟁의 결과는? 러시아의 참패였습니다. 그리고 이 전쟁의 패망 이후, 러시아는 계속 몰락합니다. 1917년, 제정 러시아가 완전히 망할 때까지 말입니다.

사실 크림전쟁에서 오스만 제국을 빼고 이야기할 수는 없지만, 당시 오스만 제국은 러시아가 영국과 프랑스와 전쟁을 시작하기 위한 명분이자 강대국 사이에서 등이 터진 불쌍한 새우 같은 희생양이었습니다. 실제 전쟁은 러시아 vs. 영국, 프랑스의 구도였기에 오스만 제국은 자세히 언급하지 않겠습니다.

혁명에 눈을 뜬
러시아 국민

　러시아가 크림전쟁에서 패배한 1856년, 이 시기 러시아의 인구는 약 7000만 명이었고, 그중 노동자, 농민이 약 4000만 명이었어요. 뭐, 대부분 국민이 노동자나 농민이었던 것이죠. 모든 역사가 그러하듯이 전쟁에 병사로 끌려가는 건 힘없는 노동자, 농민들이고 전쟁에서 진 후 그 피해를 고스란히 다 뒤집어쓰는 것도 힘없는 노동자, 농민들이었습니다. 당시 노동 환경은 최악이었어요. 최저임금이나 노동 시간 같은 건 러시아 사전에서는 찾아볼 수도 없었어요. 하루 지각했다고 노동자의 월급을 3분의 1이나 삭감하기도 했고, 심지어 출산 다음 날도 출근하라고 강요할 뿐만 아니라 출근하지 않으면 바로 노동자를 해고하기도 했습니다. 하여간 노동자, 농민들에겐 최악의 상황이 계속되자 이들은 '이렇게 우리만 당하고 살 순 없다'라는 생각에 전국 곳곳에서 생존을 위한 시위와 폭동을 일으킵니다.

특히 '농노'라고 불리던 소작농들의 반발이 정말 거셌습니다. 농노란 간단히 말해 지주(땅 주인)가 재산처럼 소유하고 있던 노비 정도라고 생각하시면 됩니다. 지주의 재산인 '노예'였답니다. 농노의 분노가 얼마나 거셌는지, 1858년 한 해에만 러시아에서 약 400건의 농노 폭동이 일어나 수많은 지주가 목숨을 잃는 사태까지 벌어졌어요.

당황한 러시아 왕실은 급히 1861년, '농노제 폐지'를 선언합니다. 지주 밑에서 노예처럼 살던 농노도 이제 '자유인'으로 뭐든 원하는 대로 살 수 있다라는 선언이었어요. 그런데 이게 더 큰 문제를 일으켰답니다. 생각해 보세요. 그나마 지주 밑에서 살 때는 적어도 먹을 걱정, 입을 걱정은 할 필요가 없었어요. 왜? 지주가 적게나마 제공하니까요. 그런데 그 지주 밑에서 벗어나 자유인이 되었다는 건 이제부터 스스로 밥벌이를 해야 한다는 말이었습니다. 아는 것이 농사뿐이니 사든지 빌리든지 땅을 구해 농사를 지어야 했는데, 현실적으로 불가능한 상황이었지요. 얼마 전까지 노예이던 사람들이 돈이 어디 있을까요? 아이러니하게 농노들의 상황은 오히려 '농노제 폐지' 전보다 훨씬 더 악화합니다.

마르크시즘에서
답을 찾다

"왜 출산 다음 날 바로 출근해야 하지? 왜 일을 그렇게 하는데, 정작 이유식 살 돈이 없어 아기가 굶는 걸 보고만 있어야 하지? 왜 평생 농사를 지어 온 논밭을 지주에게 빼앗기고 굶어야 하지?" 끝없이 절규하던 노동자와 농민들은 이 문제의 해답을 옆 나라 독일에서 찾습니다. 독일의 사상가 카를 마르크스Karl Marx가 만든 마르크시즘marxism이라는 이론에서요. 노동자의 피를 빨아먹는 자본주의 대신 노동자가 주인인 사회를 만들자는 이론인데, 한마디로 '공산주의 사회를 만들자'입니다.

여기서 잠깐만. 여러분 혹시 사회주의와 공산주의의 차이를 아시나요? 아주 간단히 짚어 볼게요. 사회주의와 공산주의 측면에서 봤을 때, 일단 자본주의는 나빠요. 그래서 사회가 궁극적으로 모두가 똑같이 평등하게 나누면서 사는 공산주의로 바뀌어야 해요. 그런데 공산주의로 바꾸는 것이 힘들고 시간이 오래 걸릴 수 있잖아요. 이 과정에서 잠시 노동자, 농민에 의한 강력한 '독재'를 통해 더 빠르게 공산주의로 바꿀 수 있다고 생각한 거예요. 이 '노동자, 농민에 의한 불가피한 독재 과정'을 사회주의라고 합니다. 사람들은 독재 과정인 사회주의를 잠시 견디면 바로 누구나 평등한 공산주의가 온다고 믿었어요. 즉, '자본주의 → 사회주의 → 공산주의' 순서로 세상이 변하리라 생각했습니다.

하지만 우리는 압니다. 지금은 사회주의건 공산주의건 다 망했다는 사실을요. 마르크스의 이론은 1991년, 사회주의 종주국인 소련이 망하면서 실패했습니다. 하지만 저 당시에는 사회주의, 공산주의 이론이 획기적이었고 특히 고통받던 노동자들에겐 복음과도 같은 이론이었습니다. 그 이론대로만 되면 지주들에게 땅을 빼앗길 이유도 없고, 자본가들에게 하루 지각했다고 월급을 빼앗길 이유도 없고, 출산 다음 날에 출근하지 않아도 쫓겨날 일이 없었으니까요. 당시 노동자들이 마르크시즘에 푹 빠지는 것은 당연했습니다. 특히 크림전쟁 이후, 거의 절망 상태에 빠져 있던 러시아의 노동자들에게는 구원과도 같은 이론이었습니다.

특히 당시 피 끓는 러시아 젊은이들, 특히 프랑스나 독일 등 서유럽에서 유학 중이던 러시아 젊은이들이 마르크시즘을 열정적으로 공부하기 시작했어요. 이들은 '이렇게 책만 읽을 수는 없다. 답을 알았으면 직접 행동해야 한다'라는 생각에 직접 노동자, 농민들을 찾아가 이 마르크시즘을 가르치기 시작합니다. '여러분들은 지금까지 자본가, 지주들에게 당하고 살았습니다. 우리의 손으로 노동자, 농민이 주인이 되는 세상을 만들 수 있습니다. 저희가 그 해답을 알려 드리겠습니다!'라는 교육을요.

이것이 1873년부터 시작된 러시아 젊은 지식인들의 농촌 계몽 운동 '브나로드 운동v narod movement'이랍니다. 브나로드는 러시아어로 '인민 속으로'란 뜻이에요. 이 운동이 나중에 우리나라 일제 강점기 젊은 지식인들에게도 영감을 줘 농촌 한글 보급 운동을 펼치게 했답니다.

1873년부터 이들은 본격적으로 농부나 공장 노동자 등으로 위장해서 농장, 공장에 들어가 러시아가 처한 현실, 노동자의 권리 등을 설파했어요. 그러나 순탄히 진행될 리 없죠. 당시 러시아 황제 알렉산드르 2세Alexander II는 이들의 수상한 움직임에 대한 보고를 받습니다. 이상한 사상에 물든 젊은 지식인들이 농촌으로 들어가 농민들을 대상으로 수상한 교육을 하고 있다는 보고를 말이지요. 알렉산드르 2세는 기득권층을 몰아내고 노동자와 농민이 주인이 되는 세상을 만들자는 발칙한 주장에 격분합니다. 당연하지요. 황제인 자신을 몰아내겠다는 지식인들이 좋게 보일 리 없지요. 알렉산드르 2세는 이 젊은 지식인들에 대해 대대적인 검거 명령을 내립니다. 그리고 심지어 서유럽에서 유학 중인 러시아 유학생들을 강제 귀국시켜요. 비싼 돈 주고 유학 가서 이상한 사상에 물든다는 명목하에 내린 조치였지요.

1876년까지 약 3년 동안 대대적인 단속으로 약 4000명의 젊은 지식인들이 체포됩니다. 결과적으로 브나로드 운동은 실패하지만, 개혁의 움직임은 더욱 격렬해집니다. 당시 젊은 지식인들은 이렇게 생각했어요. '평화적으로 노동자, 농민들을 일깨우면 세상이 바뀔 줄 알았는데 우리가 너무 순진했어. 이제 무력 투쟁이다'라고요. 그리고 이 나라를 근본적으로 바꾸기 위해 러시아 황제를 없애기로 마음먹습니다. 브나로드 운동을 러시아 혁명의 시작으로 보는 이유가 여기에 있어요. 제정 러시아를 끝장내고 시민이 주인이 되는 사회를 만들자는 움직임을 본격적으로 시작한 것이 브나로드 운동이었기 때문입니다.

이들은 정말 과격해졌어요. 요즘 기준에서 보았을 때 테러리스트가 되어 버린 겁니다. 여러 테러 조직들이 생겨났는데 그중 '인민의 의지'라는 가장 과격한 단체가 있었어요. 이들은 1878년 러시아 헌병 대장 암살을 시작으로 러시아 정부의 주요 인사들을 줄줄이 암살합니다. 급기야 이들은 1879년 8월, 러시아 황제 알렉산드르 2세에게 사형 판결을 내려요. 물론 정식 재판도 아니고 황제가 재판에 출석한 것도 아니었어요. 그냥 자기들끼리 인민재판을 열어 황제에게 사형 판결을 내린 겁니다.

이 행동이 무엇이냐면, 공개적으로 '노동자와 농민의 이름으로 황제를 죽일 것이다'라고 세상에 알린 거예요. 그리고 진짜로 황제 암살을 시도합니다. 황제가 지나가는 철길에 폭탄을 몰래 묻어 두었다가 황제가 지나갈 때 폭발시키고, 또 황제가 어느 식당에서 밥을 먹는다는 소식을 듣고 그 식당에 폭탄 테러를 합니다. 하지만 신은 황제의 편이었나 봅니다. 무려 여섯 번의 암살 시도에서도 불구하고 생존합니다.

러시아 술, 보드카 이야기

러시아인들은 '아내나 남편이 없어도 보드카 없이는 못 산다'라는 말을 할 정도로 보드카를 사랑해요. 보리 같은 곡물이나 감자로 만드는 '보드카Vodka'는 그 어원이 'Voda'라는 단어에서 비롯되었는데, '생명의 물'이란 뜻입니다. 1894년부터 러시아에서 만드는 보드카는 공식적으로 40퍼센트의 알코올을 함유하게 되어 있어요. 하지만 그건 말 그대로 공식적인 기준일 뿐, 정말 독한 보드카는 알코올 함유량이 90퍼센트에 육박하기도 합니다. 그럼 러시아인들은 이런 독한 보드카를 왜 그리 마시는 걸까요? 이유는 간단합니다. 러시아가 추워도 너무 춥기 때문입니다.

이렇다 보니 러시아군은 전통적으로 전쟁에 식량, 의료품 그리고 보드카만큼은 꼭 챙겨갔습니다. 나폴레옹도 기겁할 만큼 추운 러시아에서는 전쟁을 벌일 때 보드카 한 병만 마시면 몸이 뜨거워지고(사실 뜨거워지는 건 아니고 추위를 못 느끼는 겁니다) 두려움이 사라져 더 맹렬히 전투에 임할 수 있었기 때문이었죠. 또 부상을 입은 군사들에게 통증을 줄이는 보드카는 전쟁터에서 신의 물방울이었습니다.

또 워낙 알코올 도수가 높아서 불이 잘 붙는 보드카는 제2차 세계대전 당시 연료로도 활용되었습니다. 독일과 싸우던 소련군은 탱크에 기름이 떨어지면 실제로 가지고 있던 보드카를 연료통에 넣고 연료로 쓰기도 했어요. 또 제1차 세계대전 당시 서부전선에서 영국과 프랑스가 연료가 부족하단 소리를 들은 러시아는 실제로 서부전선에 연료로 쓰라며 보드카를 지원하기도 했어요. 그런데 보드카가 군용 차량 연료가 될 수 있다는 사실을 몰랐던 서부전선의 영국, 프랑스군들은 이런 고마운 러시아에 오히려 화를 냈다고 합니다. 러시아로서는 아주 섭섭했겠지요. 정말 연료로 쓰라고 보드카를 준 건데 말이죠.

2장

러시아 제국에
닥치는 그림자

1881~1905

러시아 혁명의 불씨

1881
알렉산드르 2세 암살당하다.

1895
레닌, '노동계급
해방투쟁동맹'을 만들다.

1895
러시아, 프랑스·독일과 함께
삼국 간섭을 행사하다.

1896
러시아 마지막 황제,
니콜라이 2세가 즉위하다.

1904
러일전쟁 발발하다.

1905
러시아와 일본,
포츠머스 조약을 맺다.

알렉산드르 2세,
암살당하다

황제 암살이 계속 실패함에 따라 '인민의 의지' 조직원들은 점점 초조해집니다. 당연하지요. 황제를 죽이려 했는데 무려 여섯 번이나 실패를 했으니까요. 폭탄이 한두 푼 들어가는 것도 아니고, 비밀리에 어렵게 자금 확보해서 폭탄을 샀더니 테러는 계속 실패하고, 자금은 점점 바닥을 보였거든요. 이러다 보니 몰래 조직에서 빠져 나가는 조직원들도 생겼습니다. 즉, 조직력이 무너지기 시작한 겁니다. 황제 측도 이런 상황을 다 파악하고 있었어요. 그래서 얼마 남지 않은 조직원들에 대한 대대적인 검거에 들어갑니다. 마지막으로 남은 몇몇의 조직원들은 최후의 선택을 합니다.

1881년 3월 1일, 황제가 군사학교를 방문한다는 소식을 입수한 조직원들은 다음과 같은 계획을 세웁니다. 1단계, 황제가 탄 마차가 지나가는 길목에 폭탄을 설치한다. 2단계, 폭탄 공격이 실패하면 조직원들이 직접 폭탄을 손에 들고 마차로 돌진한다. 드디어 운명의 날인 3월 1일, 황제 알렉산드르 2세가 군사학교를 방문합니다. 그런데 말입니다. 학교 교정에서 궁전으로 돌아가는 길목에 폭탄을 설치해 놨는데, 알렉산드르 2세가 궁전으로 돌아가지 않고 다른 곳으로 빠지는 겁니다. 계획 1단계는 허무하게 실패하고 맙니다. 이제 남은 건 2단계. 즉, 조직원들이 직접 폭탄을 쥐고 황제에게 돌진하는 일밖에 남지 않았지요.

　황제가 탄 마차가 보이자, 조직원 한 명이 마차로 돌진해 폭탄을 집어 던졌습니다. 그러나 황제는 또 운이 좋게 살아납니다. 던진 폭탄이 마차까지 날아가지 못했기 때문이었죠. 현장은 아수라장이 되고 호위 병사들은 폭탄을 던진 조직원을 체포합니다. 테러가 발생했으니 황제는 빨리 현장을 떠나 몸을 숨겨야 했어요. 그런데 정말 그날 죽을 운명이었는지 알렉산드르 2세는 마차를 세우라고 하더니 마차에서 내립니다. 암살자의 얼굴도 보고 싶고 현장이 어떻게 수습되나 구경을 하고 싶다는 이유 때문이었습니다. 황제가 폭탄 테러 현장 쪽으로 걸어가던 그 순간, 군중 속에 있던 다른 조직원이 황제에게 돌진해 오면서 황제 바로 앞에서 자폭합니다. 황제는 급히 응

○ 〈알렉산드르 2세의 암살〉, 구스타브 브롤링, 1881
　알렉산드르 2세 암살 현장을 그림으로 표현했다. 현장의 긴박함을 알 수 있다.

급조치를 받았지만 곧 사망하고 맙니다. 러시아의 황제가 암살된 것입니다. 1881년 3월 1일이었습니다. 당시 조선은 고종의 부인 명성황후, 그리고 민씨 일가가 나라를 말아먹고 있던 때였습니다.

　황제 암살에 가담했던 혁명 조직원들은 모조리 체포되어 공개 교수형을 당합니다. 반면, 황제가 죽었는데도 제정 러시아는 망하지 않았어요. 왜? 당시 일반 러시아인들은 오히려 이 암살단원들을 비난했어요. 불쌍한 황제를 죽인 나쁜 놈들이라고요. 이때까지의 러시아인들은 황제가 백성들을 보살펴 주는 신과 같은 존재로 생각했거든요. 알렉산드르 2세가 암살당한 후 그의 아들인 알렉산드르 3세가 1881년, 새로운 황제로 즉위합니다.

그런데 이 양반, 집권하자마자 어마무시한 독재를 시작합니다. 황제의 권위에 도전한다면 그 누구든 무자비하게 탄압했어요. 전 황제, 즉 자기 아버지가 테러로 암살당했잖아요. 그래서 황제인 자신을 보호해 줄 경찰력을 엄청나게 강화합니다. 그리고 당연한 얘기지만 노동 운동의 씨를 말려 버려요. 각 대학, 공장마다 스파이를 하나씩 심고 조금이라도 그 안에서 반정부 움직임이 보이면 그 주동자들을 싹 다 검거해 버립니다.

아버지 알렉산드르 2세도 한 독재하셨는데 아들은 한 술 더 뜬 겁니다. 소위 '젊은 지식인들은 위험한 존재'라는 확고한 신념으로, 1884년에는 러시아 내 모든 대학들의 문을 닫아 버립니다. 그리고 이 모든 것이 다 교회의 가르침을 무시하는 젊은이들 때문이라고 생각해 교육 과정에서 '교회의 역할' 과정을 강화했어요. 요즘 말로 정말 꼰대 마인드였던 것이죠. 하여간 이런 철권 독재 아래서 노동자와 농민을 위한 혁명의 조짐은 일단 사라집니다. 당연하지요. 조금이라도 기색을 보이면 바로 쥐도 새도 모르게 끌려갔으니까요.

그런데 이 철통 경호의 알렉산드르 3세도 여러 번 암살 시도를 당합니다. 물론 암살은 다 실패했지만요. 그중 한 번이 1887년에 일어납니다. 당국의 탄압으로 지하로 숨었던 '인민의 의지'가 또 암살을

○ 〈가치나에서 말을 탄 알렉산드르 3세의 초상화〉, 구스타브 브롤링, 1880년대 후반~1890년대 초반 추정
알렉산드르 3세의 초상화.

꾸몄는데요. 물론 실패했습니다. 2중, 3중의 경찰의 방어망을 어찌 뚫겠습니까. 당연히 관련자들은 다 체포되었어요.

그중 한 명이 '알렉산드르(황제와 동명이인)'라는 청년이었는데요. 체포된 후 그의 어머니가 알렉산드르에게 너는 가담하지 않았다고 경찰에게 말하라 애원했다고 해요. 그러자 알렉산드르는 이렇게 대답하고 의연하게 교수형을 당했다고 해요. "결투에서 먼저 총을 쐈는데 어찌 비겁하게 상대에게 제발 쏘지 말라고 애원을 합니까?"

알렉산드르 밑에는 형을 정말 존경하던 동생이 있었어요. 그 동생은 형의 죽음을 보고는 러시아를 멸망시키겠다는 복수를 다짐합니다. 그 동생이 바로 나중에 소련을 건국하는 러시아 혁명의 아버지 '블라디미르 레닌Vladimir Lenin'이랍니다.

러시아
마지막 황제의 즉위

　1894년 알렉산드르 3세가 사망하고, 그의 아들이 다음 황제가 됩니다. 그가 바로 러시아의 마지막 황제 니콜라이 2세Nikolai II였습니다. 그런데 이 1894년, 어디서 많이 듣던 해 아닌가요? 맞습니다. 바로 우리 조선 땅에서 일본과 청나라가 조선을 놓고 싸웠던 청일전쟁이 일어난 해이고, 동학농민혁명이 일어났던 우리 역사에 있어 어찌 보면 가장 중요한 해였습니다. 동학농민혁명이 실패하고 청일전쟁에서 청나라가 일본에게 대패하면서 조선이 실질적으로 일본에 넘어간 안타까운 해였죠.

새로운 황제 니콜라이 2세는 1896년 5월에 대관식(즉위식)을 열어요. 러시아의 새로운 황제가 즉위한다고 하니, 당연히 전 세계에서 축하 사절단이 옵니다. 당시 고종도 축하 사절단을 보냈어요. 그런데 말이 축하 사절단이지 거의 러시아 바짓가랑이를 잡으러 간 겁니다. 제발 우리 조선 좀 살려 달라고요. 바로 1년 전, 조선에서 무슨 일이 있었나요? 1895년에 일본인들이 극악무도하게도 한양 경복궁까지 칼을 들고 쳐들어와 명성황후를 살해했잖아요. 그래서 그 다음 해인 1896년, 그러니까 니콜라이 2세가 대관식을 한 그해 2월에 서울의 러시아 외교 공관으로 도망을 갑니다. 이른바 우리가 잘 알고 있는 '아관파천'이지요. 일본이 경복궁에서 왕비까지 칼로 찔러 죽이는 판에 왕이라고 무사할리 없다고 생각했던 거예요. 그런 고종이 러시아 공사관 안에 숨어서 러시아 새로운 황제 즉위식에 사절단을 보낸 겁니다.

아관파천은 솔직히 부끄러운 역사적 사건입니다. 한 나라의 국왕이 일개 외교 공관에 숨어 들어가 1년 동안 나오지 않았지요. 지금도 그 공사관 터가 서울 정동 덕수궁 뒤에 남아 있어요. 기회가 되면 한번 방문해 그때 고종이 느꼈던 두려움과 조선이 처한 딱한 상황을 한번 상상해 보세요.

민영환 선생 등이 이끄는 고종의 축하 사절단이 새 황제 대관식에 참석하기 위해 1896년 5월 러시아에 도착했습니다. 그런데 정작 대관식장에 들어가지 못합니다. 당시 대관식은 러시아 교회 예배당에서 치러졌는데, 교회당 안에 들어가려면 교회 예법에 따라 모자를 벗어야 했어요. 하지만 조선 사절단들은 조선 관리 복장에 '관모'라는 모자를 쓰고 있었는데 관모를 벗을 수 없었습니다. 관모를 벗는 것은 조선의 예법에 어긋나니까요. 그래서 먼발치에서 대관식을 바라만 봤다고 합니다.

고종의 사절단은 여차저차 러시아 정부 관계자를 만나 사정을 합니다. 일본이 조선을 점령할 것 같으니 러시아에서 군대를 파병해 조선과 고종을 좀 도와달라고 읍소한 것이죠. 러시아 입장에서도 뭐 그리 나쁜 거래가 아니었어요. 그래서 파병 약속을 합니다. 그러나 세상에 공짜가 어디 있습니까? 러시아는 파병의 대가로 압록강 개

○ 러시아 마지막 황제 니콜라이 2세
니콜라이 2세의 사진. 엄청난 정통성을
가지고 황제의 자리에 즉위했지만,
그의 능력은 부족했다.

발권, 울릉도 개발권, 인천 을미도 개발권 등을 조선으로부터 받아갑니다.

다시 러시아 황제 대관식으로 돌아와 볼까요? 모스크바 근교에서 열린 당시 대관식을 구경하기 위해 약 50만 명이 한꺼번에 대관식장 근처로 몰렸습니다. 왜? 공짜 선물을 나눠 준다는 소식을 듣고요. 그럼 그 수많은 사람들이 통제가 됐을까요? 아니요. 서로 밀고 밀치는 난리가 나는 바람에 무려 1300명 이상이 압사당하는 참사가 발생했답니다.

그러면 한 나라의 수장인 황제 니콜라이 2세는 당연히 예정된 파티 등 일정을 즉각 취소하고 사태 수습을 최우선으로 해야겠죠? 하지만 이 양반은 아무 일도 없다는 듯 그냥 예정된 파티를 진행합니다. 이 황당한 소식을 들은 러시아 국민들은 황제에 대한 비난의 목소리를 냈지요. 이에 니콜라이 2세는 면피용으로 당시 책임 경찰관 딱 한 명만 해고하고 이 사태를 그냥 넘깁니다. 앞으로 러시아가 어찌 멸망하는지 보여 주는 예고편 같은 일이었죠. 간단히 말해 새 황제 니콜라이 2세는 황제가 될 자격이 없었던 사람이었어요.

레닌의 등장

　새 황제 니콜라이 2세는 어떻게 러시아를 날려 버렸는지 알아볼까요? 첫 번째 사건은 1891년에 발생했습니다. 러시아에 가뭄으로 엄청난 흉년이 든 해였어요. 당시 러시아 수출 품목 1위는 농산물이었는데, 흉년이니 당연히 수출용 농산물의 양도 줄어들었겠죠. 니콜라이 2세는 농산물을 수출하지 못하는 상황이 싫었습니다. 그래서 이런 구호를 외쳐요. '흉년으로 러시아 국민이 배고플 수 있다. 하지만 러시아는 유럽 국가들에게 농산물 수출을 계속 하겠다'라고요. 이게 무슨 소리인가 싶지요? 참으로 신비스런 헛소리가 아닐 수 없습니다. 이 말은 즉, 러시아 농민들은 굶어 죽어도 괜찮으니 농산물을 유럽으로 수출하라는 뜻이었습니다.

이 상황이 얼마나 말이 안 되면, 공장주들과 같은 러시아 자본가들이 직접 황제를 찾아가 유럽에 농산물 수출을 미뤄달라고 건의했어요. 왜냐고요? 공장을 돌리거나 농장을 운영하려면 노동자나 농민이 필요한데, 이들이 다 굶어 죽어가고 있으니 공장과 농장 운영이 어려웠던 거예요. 심지어 그 악독하다고 여겨진 자본가들도 '이건 너무하다. 최소한 밥은 줘야지'라고 생각했던 겁니다. 그럼에도 불구하고 니콜라이 2세는 자본가들의 요구를 다 무시합니다. 완전 쇠고집이었어요. 사실, 1891년의 대기근은 유럽으로 수출하던 농산물을 러시아 농민들에게 나눠 줬으면 어느 정도 해결이 되는 수준이었습니다. '반드시 유럽으로 수출해야 한다!'라는 니콜라이 2세의 고집 때문에 자국민들이 굶어 죽은 거죠.

자, 이쯤에서 레닌 얘기를 해 봅시다. 블라디미르 레닌. 소련을 건국한 러시아 혁명의 아버지. 본명은 '블라디미르 일리치 울리야노프Vladimir Ilyich Ulyanov입니다. 나중에 레닌으로 불리게 되지요. 이 책에서는 편의상 그냥 레닌으로 부르겠습니다. 1870년 러시아에서 태어난 레닌은 금수저까지는 아니었지만 나름 여유 있는 집안 출신이었어요. 아버지도 러시아 교육부에서 관리로 일했고 어머니도 자식들에게 프랑스어를 직접 가르쳐 줄 정도의 지식인이었어요. 평온할 것만 같던 레닌의 인생이 180도 변한 계기가 바로 존경하던 큰형이 알렉산드르 3세 암살 사건에 연루되어 교수형을 당한 일이었어요. 형이 죽은 후 '착한 우리 형을 죽인 러시아 황제를 가만둘 수 없다' 란 복수심을 키웠지요.

형이 죽은 후 레닌은 곰곰이 생각했어요. '책만 좋아했던 우리 형은 무슨 이유로 황제를 죽이려고 했나? 러시아에 무슨 문제가 있기에 형이 노동자들의 해방을 외치고 다녔나?' 그 해답을 찾기 위해 레닌은 열심히 공부합니다. 그리고 지금의 카잔대학교 법학과에 입학합니다. 이렇게 힘들게 대학에 입학했는데 억울하게도 공부를 못하게 됩니다. 대학 생활 중 사소한 사건에 휘말리는데, 대학 측이 레닌의 뒷조사를 했더니 알렉산드르 3세 암살을 시도한 자의 동생이라는 사실을 알게 된 것이죠. 레닌은 바로 퇴학당합니다. 그럴 뿐만 아니라 동네에도 '역적의 동생'이란 소문이 다 퍼지고, 동네에서 추방당합니다. 물론 나중에 레닌의 어머니가 학교로 찾아와 사정합니다. 큰아들도 비명에 죽었는데 작은아들조차 저렇게 고생하는 걸 볼 수 없으니 제발 졸업만은 시켜 달라고 읍소한 것이죠.

겨우 다시 대학에 돌아온 레닌은 정말 심각한 고뇌에 빠집니다. 도대체 이 러시아라는 나라가 어디서부터 잘못되었기에 우리 가족이 이런 고통을 겪어야 하나 싶었던 거죠. 그때 레닌의 눈에 들어온 것이 바로 마르크시즘 관련 도서였습니다. 세상을 뒤집어엎고 노동자와 농민이 주인이 되는 새로운 세상을 만들자는 내용의 책들 말입니다. 그리고 큰 충격에 빠집니다. '그래, 이거였어. 내가 원하는 답이 말이지. 내가 한가롭게 도서관에서 지금 책이나 읽고 있을 때가 아니야. 직접 행동해 혁명을 일으키자. 이게 바로 우리 형이 목숨을 바쳐 이루고자 했던 바구나'라고 깨닫습니다.

그리고 레닌은 1892년, 바로 당시 러시아 수도 페테르부르크(지금 러시아 수도는 모스크바이지만, 이 당시는 페테르부르크였습니다)로 향합니다. 당연히 수도니까 러시아 전국에서 노동자들이 많이 몰려 있었겠지요. 1970~1980년대 우리나라에 취직을 위해 상경하는 사람들이 많았던 것과 마찬가지입니다. 약 3년 동안 수도 페테르부르크에서 레닌은 노동자들을 하나의 조직으로 만들려고 노력했습니다. 그리고 드디어 1895년, '노동계급 해방투쟁동맹'이란 조직을 만듭니다. 맞습니다. 같은 해 우리나라에선 일본이 경복궁에서 고종의 부인 민씨를 시해한 일이 발생했지요. 바로 같은 해 지구 저편 러시아에서는 레닌이라는 청년이 인류 역사상 첫 사회주의 노동자 해방 조직을 만들었습니다.

러시아와 조선의
밀월 관계

이제부턴 러시아 로마노프 황조가 우리나라 역사에 직접적으로 관여를 하는 러일전쟁에 대해 이야기해 보겠습니다. 그런데 러일전쟁을 쉽게 이해하려면 1894년 일어난 청나라와 일본 간의 청일전쟁에 대해 조금 아시는 게 좋습니다. 말이 청일전쟁이지 청나라와 일본이 우리 조선 땅에서 자기들끼리 치고 박고 싸운 전쟁이랍니다.

청일전쟁이 일어난 1894년의 조선으로 날아가 봅시다. 당시 조선은 나라 왕실을 비롯한 시골 말단 관리들까지 부정부패의 연속이었어요. 백성들이 실제로 먹을 것이 없어 굶어 죽던 판이었습니다. 오죽했으면 저녁 밥 지을 시간에 동네에 굴뚝에서 연기가 올라오는 집이 거의 없을 지경이었습니다. '굶어 죽을 바에 저항이라도 하고 죽자'라는 심정으로 농민들이 들고 일어난 사건이 바로 '동학농민혁명'이었습니다. 혁명의 기세는 엄청났어요. 농민혁명군은 조선 왕조의 뿌리가 시작된 전주성까지 점령할 정도로 위력은 대단했습니다. 왜 전주에서 조선 왕조가 시작됐냐고요? 전주 이씨잖아요.

혁명군에 의해 자기들의 뿌리인 전주성까지 점령을 당하자 당시 고종과 그의 부인 명성황후는 정말 내리지 말아야 할 결정을 내립니다. '외국 군대를 좀 빌려 와서 이 사태를 진압하자'라는 최악의 결정을 말이죠. 결국 조선은 청나라에 원군을 요청해요. 청나라는 자기들의 '신하 국가'인 조선에서 난리가 났다고 하니 당연히 조선에 군대를 지원합니다. 그런데 그런 청나라의 움직임을 가만히 보던 일본도 갑자기 조선에 군대를 파병하는 겁니다. 무슨 명분으로요? 당시 일본과 청나라 사이에 한 조약이 있었어요. '조선에서 무슨 일이 일어나 양국 중 한 나라가 조선에 파병을 하면 다른 나라도 같은 수의 군대를 조선에 파병한다'라는 내용이요. 우리 입장에서는 진짜 말도 안 되는, 텐진 조약天津條約입니다.

하여간, 조선의 섣부른 결정으로 갑자기 조선에는 청일 양국 외세의 군대가 몰려듭니다. 이 사실을 알게 된 농민군은 점령하고 있던 전주성에서 과감히 철수합니다. 자신들의 혁명도 중요하지만 자신들 때문에 지금 다른 나라의 군대들이 조선 땅에 들어와 설치는 것은 용납할 수 없었기 때문입니다. 농민군이 해산하자 청나라군은 철군하려고 합니다. 자신들이 조선에 들어왔던 명분이었던 농민군의 농민 반란이 끝났으니까요.

반면, 일본은 철군을 거부합니다. 아직 농민군이 완전히 소탕되지 않았다는 핑계로요. 그러면서 고종 임금을 협박합니다. '지금까지 조선이 청나라와 맺었던 모든 조약을 다 폐기하라. 그리고 조선은 청나라의 제후국(신하 국가)가 아닌 독립국인 것을 증명하라'라고 협박을 합니다. 정말 웃기는 짬뽕 같은 일이지요. 그걸 조선이 왜 일본한테 증명을 해야 합니까?

일본의 의도는 명백했어요. 동학농민혁명을 핑계로 조선에 파병하고 조선 왕을 협박해서 조선과 청나라의 관계를 끊고 조선을 일본의 영향권에 두겠다는 목표가 있었답니다. 경복궁까지 쳐들어온 일본군의 겁박에 고종은 결국 조선과 청이 맺은 모든 조약을 무효로 한다는 내용의 서류에 도장을 찍고 맙니다. 그 서류를 손에 넣은 일본은 '이제 공식 문서도 손에 넣었으니 청나라를 확실히 조선에서 몰아내자'라고 생각하고 바로 실행에 옮깁니다. 충청도 풍도(지금의 경기도 안산 앞바다)에 정박하고 있던 청나라 해군 군함에 일본이 선전포고도 없이 함포 사격을 시작해요. 바로 청일전쟁의 시작이었습니다.

청일전쟁은 일본의 완벽한 승리로 끝났습니다. 청나라가 일본에 패배하고 조선의 지배권이 청나라에서 일본으로 넘어가면서, 실질적으로 조선은 일본의 식민지가 됩니다. 청나라는 전쟁에서 지고 일본에 많은 것을 배상합니다. 먼저 대만을 일본에 넘깁니다. 예, 맞습니다. 청일전쟁 이후에 대만은 1894년부터 일본이 태평양전쟁에서 패망하는 1945년까지 일본의 식민지가 됩니다. 꽤 오랜 기간이지요. 그래서 타이완, 특히 수도인 타이베이에 가면 여기가 일본이 아닌가 싶을 정도로 일본 문화가 녹아 있습니다. 그리고 청나라는 랴오둥반도(요동반도)도 일본에게 넘깁니다. 그 넓은 만주 벌판을 일본에게 넘긴 겁니다. 얼마나 피눈물이 났을까요.

그런데 이런 상황을 가만히 주시하던 나라가 있었어요. 바로 러시아였습니다. 왜냐하면 러시아도 이 랴오둥반도에 관심이 참 많았거든요. 앞에서 언급했듯이 러시아는 바다로 나갈 길을 찾기 위해 사활을 걸었는데, 태평양으로 나가기 위해서는 이 랴오둥반도를 포함한 만주 지역이 반드시 필요했기 때문입니다. 그런데 이 중요한 랴오둥반도를 일본이 꿀꺽해 버린 거지요. 러시아로서는 절대 가만히 보고만 있을 수 없었습니다. 무슨 수를 써서라도 막아야 했어요.

그런데 러시아도 알았어요. 일본이 힘들게 전쟁을 치러서 차지한 영토를 뜬금없이 토해 내라고 요구하는 건 정말 황당한 일이란 것을요. 그래서 러시아는 힘 좀 쓰는 독일과 프랑스까지 이 협박에 가담시킵니다. '이번에 우리 러시아 좀 도와주면 청나라한테서 떡고물 좀 하나씩 얻어 줄게'라고 설득한 것이죠. 러시아, 독일 그리고 프랑스까지. 이렇게 세 나라가 동시에 일본을 압박합니다. '야! 좋은 말할 때 랴오둥반도를 청나라한테 돌려줘!'라고요.

러시아 한 나라와의 전쟁도 부담스러운데 유럽의 강호 3개국이 동시에 겁박을 하니 일본도 어쩔 수 없었어요. 피눈물을 흘리며 랴오둥반도를 청나라에게 돌려줍니다. 물론 이후에 랴오둥반도의 실질적인 관할은 러시아에게 넘어갔지만요. 그럼 독일과 프랑스는 무슨 떡고물을 얻었냐고요? 프랑스는 지금의 홍콩 주변 지역을 청나라로부터 받습니다. 독일은 지금의 산동반도 칭다오 지역을 차지합니다. 맞아요. 칭다오 지역을 차지한 독일인들이 자기들 마시려고 맥주 공장을 그곳에 지었는데, 그것이 우리가 지금 마시는 칭다오 맥주의 시작이었습니다.

청일전쟁에서 아시아 최강 청나라를 박살 낸 일본도 러시아 앞에선 맥을 못 추는 모습을 가만히 지켜보던 한 여인이 있었어요. 바로 조선의 고종의 아내 명성황후였습니다. 명성황후는 당시 국제 정세를 정확하게 파악하고 있었어요. 명성황후는 고종에게 이런 말을 해요. '지금 이 동네 최강은 러시아 맞지요? 우리 조선과 우리 왕실, 그리고 우리 민씨 가문이 살기 위해선 러시아에 붙어야 해요'라고요. 명성황후의 의견에 고종도 동의합니다. 그리고 고종은 실제로 러시아에 적극적인 외교 공세를 펼칩니다. 조선이 일본으로 넘어가는 것을 막아달라고요. 러시아도 나쁠 것이 없었어요. 랴오둥반도에 이어 조선도 자발적으로 러시아 쪽으로 온다고 하니까요.

반면 일본은 조선과 러시아의 밀월 관계에 격분합니다. '이놈의 러시아! 우리 일본으로부터 랴오둥반도를 강제로 빼앗아 가더니 이제는 조선까지 꿀꺽 차지하려고? 가만 둘 수 없어!'라고 생각한 것이지요. 그런 다음 곰곰이 생각합니다. 이 사태의 근본 원인을 말이지요. 그리고 금방 파악합니다. 이 모든 건 명성황후 때문에 일어났고, 명성황후를 가만 놔두면 정말로 조선이 러시아에게 넘어가겠다고 분석한 거죠.

그래서 러시아에게 랴오둥반도를 빼앗긴 그 해 1895년, 일본은 바로 경복궁까지 쳐들어가 명성황후를 난도질해 죽여 버립니다. 바로 '1895년 을미년에 일어난 큰 일'이라고 해서 '을미사변乙未事變'이라고 불리는 명성황후 시해 사건입니다. 여기서 '사변'이라는 단어는 '사람의 힘으로 막을 수 없을 정도의 큰 사건'이라는 뜻입니다. 명성황후에 대한 역사적 평가는 둘째치더라도, 한 나라의 왕비를 난도질해서 죽인 일본을 절대 용서해서는 안 됩니다.

그 다음은 앞에서 말씀드린 일들이랍니다. 부인이 궁에서 죽어버리자 목숨의 위협을 느낀 고종은 유일하게 믿을 수 있는 나라였던 러시아의 외교 공관으로 도망가 버리고(아관파천) 새로 러시아의 황제 자리에 오른 니콜라이 2세의 대관식에 민영환 등 사신들을 보내 제발 조선 좀 살려 달라고 매달리게 된 겁니다.

자, 바람 앞에 촛불 같았던 조선의 운명은 과연 어떻게 될지 궁금하지 않으세요? 이런 정국에서 중국 청나라에서 엄청난 사건 하나가 발생합니다. 명성황후가 시해되고 5년 후인 1900년, 중국에서 '의화단 운동'이 발생한 겁니다. 어디서 많이 본 단어죠? 이 책 1부 미국사를 다룰 때 나오는 부분이랍니다. 기억이 안 나신다면 잠시 앞부분 의화단 운동 이야기(p.148~150)를 다시 읽고 오시는 건 어떨까요?

드디어 터진
러일전쟁

'의화단 운동' 이야기를 읽고 오셨나요? 의화단 운동은 1900년, 청나라 농민들이 '기독교를 몰아내자!'라고 외치며 백인 기독교 선교사들을 몰살 시킨 끔찍한 사건이었답니다. 청나라가 망하는 이유는 다 백인 기독교 선교사들 때문이라고 생각했기 때문이지요. 이 운동이 과격해지다 보니 선교사뿐 아니라 백인으로 보이는 모든 이들이 학살의 대상이 되었어요. 뿐만 아니라 서양에서 수입한 모든 것을 다 부수고 파괴했답니다. 전깃줄도 끊고 성냥도 다 불태워 버렸어요. 서양에서 수입해 온 물건이란 이유 때문이지요. 그런데 이 의화단이 또 뭘 했냐면 러시아가 한창 건설을 하던 만주의 철도도

다 끊어 버렸어요. 러시아인들도 백인이니까요.

러시아의 반응은? 당연히 격분했지요. 그리고 만주의 러시아 철도를 보호한다는 명분으로 군대를 파병해요. 그리고 군대를 만주에 보낸 김에 만주를 아예 점령해 버립니다.

이 상황을 멀리서 지켜보던 일본은 어이가 없었습니다. 1894년 청일전쟁에서 승리한 후 일본이 랴오둥반도를 청나라로부터 차지했는데, 러시아가 압력을 넣어서 피눈물을 흘리며 다시 토해냈다고 설명했지요? 그 피 같은 만주를 러시아가 철도를 보호한다는 명분으로 날로 차지했으니 일본으로선 화가 날 만도 하지요. 참, 러시아는 누구한테 허락을 받아서 만주에 철도를 건설하고 있었냐고요? 러시아가 일본을 협박해 랴오둥반도를 다시 청나라에게 돌려준 대가로, 러시아가 청나라로부터 만주 철도 건설권을 얻었답니다.

일본 말고도 이런 상황을 가만히 지켜보던 두 나라가 더 있었어요. 바로 영국과 미국이었습니다. 영국과 미국도 러시아의 만주 진출을 막으려 했습니다. 왜? 영국은 이미 두 차례의 아편전쟁으로 청나라를 쑥대밭으로 만들어 버리고 청나라를 거의 '반식민지'로 만든 상태였거든요. 때문에 또 다른 경쟁자인 러시아가 방해하는 걸 당연히 싫어했지요.

미국도 마찬가지였어요. 미국도 1853년, 일본을 강제 개항시킨 후 아시아에 슬슬 세력을 넓혀 가던 상황이었는데 러시아가 끼어드니 신경이 쓰이지요. 영국과 미국은 러시아를 일차적으로 막을 나라는 일본이라고 생각하고 일본을 지원하기 시작합니다. 영국은 1902년에 '영일동맹Anglo-Japanese Alliance'을 맺고 일본과 같이 러시아가 만주에서 세력을 넓히는 것을 공동으로 저지하기로 해요. 미국은 일본에게 막대한 자금을 지원합니다. 그 돈으로 군대를 키워서 러시아를 막아 달라는 뜻이었지요.

일본은 영국과 미국의 도움을 기회로 삼아 러시아와의 전쟁을 고민합니다. 일본도 물론 러시아를 치고 싶었지만, 러시아는 유럽 열강 중 하나였기에 일본도 섣불리 전쟁을 벌일 순 없었어요. 러시아를 칠까 말까 고민하던 일본은 결국 결단을 내립니다. 만주와 한반도를 놓고 러시아와 붙을 운명이라면 조금이라도 더 빨리 러시아를 치기로 말이죠. 한창 만주에 건설되고 있는 러시아 철도가 완성되면, 그때는 정말 러시아를 이기기 힘들 것이라고 결론을 내렸기 때문이에요.

일본의 수상한 움직임을 러시아도 이미 알고 있었어요. 영국과 일본이 손을 잡고, 또 미국은 일본에 군수 자금까지 지원해 주고 있던 걸 러시아가 왜 몰랐겠습니까? 당연히 일본이 러시아와 전쟁까지 준비하고 있다는 것도 다 파악했어요.

러시아 황제 니콜라이 2세는 이런 세계정세를 역으로 이용하려고 했습니다. 일단 전쟁이 일어나면 러시아 국내에서 날뛰는 혁명가들을 징집해 전쟁터로 보내 버릴 수 있으니까요. 무엇보다 러시아는 일본을 아주 만만하게 봤습니다. 일본과의 전쟁에서 당연히 승리하리라 생각했지요. 그러니 전쟁의 승리를 가정하고, 만주를 넘어 일본까지 집어삼킬 계획까지 세웠던 것이지요. 그러면 골치 아픈 혁명가들을 깡그리 다 없애고 식민지까지 넓히고 그야말로 일거양득이라고 생각했던 겁니다.

이렇게 일본과 러시아 둘 다 '전쟁이다'라는 생각을 동시에 하고 있었어요. 곧 전쟁의 서막이 오릅니다. 1904년 2월 8일 늦은 밤, 청나라 랴오둥반도 뤼순항(안중근 의사가 순국하신 뤼순 감옥이 있는 그 뤼순). 당시 뤼순항은 러시아가 점령하고 러시아 군항으로 만들어 놓은 상태였답니다. 그날 밤, 일본은 선전포고도 없이 곤히 자고 있던 러시아 해군들을 향해 일제히 함포 사격을 시작합니다. 러일전쟁의 시작이었습니다.

자다가 봉변을 당한 러시아 해군들을 허둥지둥 군함을 몰고 나가 보려 했지만 일본군이 미리 바다 곳곳에 설치한 기뢰(바다 위에 둥둥 떠다니는 폭탄)에 모조리 수장되고 맙니다. 일본의 전략은 '빠르게 만주의 러시아군을 박살내자'였습니다. 저 멀리 모스크바 등에 있는 러시아의 주력 부대가 만주에 도착하기 전에 전쟁을 끝내야 승산이 있다고 생각했기 때문입니다. 말이 모스크바에서 만주지, 대륙을 횡단하는 기차를 타도 적어도 일주일은 걸리는 거리였답니다.

　일본의 선제공격으로 시작된 러일전쟁. 초반 일본의 무시무시한 공세에 만주 지역의 러시아군은 점점 밀리기 시작했어요. 계속되는 패전에 러시아는 비장의 카드를 꺼냅니다. 바로 당시 세계 최강의

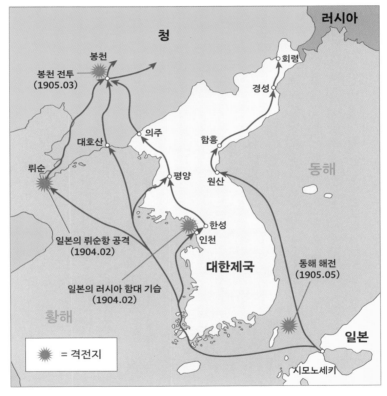

○ 러일전쟁 전개도

　1904년 2월, 일본의 뤼순항 기습 공격으로 시작된 러일전쟁은 러시아의 참패로 끝난다.

함대였던 '러시아 발트 함대'를 일본 앞바다에 보내 일본 본토를 박살내 버리려고 한 겁니다. 문제는 북유럽 발트해에 있는 그 함대들을 빨리 일본 앞바다까지 보내야 했다는 거예요. 북극을 돌아서요? 가다가 다 얼어 죽지요. 결국 방법은 하나밖에 없었어요.

발트해를 출발해서 대서양을 따라 아프리카 희망봉까지 가서 인도양을 지나, 동남아 앞바다를 거쳐 필리핀에서 잠깐 목 좀 축이고 일본 앞바다까지 오는 겁니다. 배 타고 지구 반 바퀴 도는 것이죠. 실제로 그 코스로 발트 함대가 출발을 했어요. 그런데 아까 일본과 영국이 동맹이 되었다고 말씀드렸죠? 아프리카, 인도, 동남아 등등의 영국 식민지들에서 노골적으로 러시아 발트 함대의 입항을 거부하고 식량과 물 보급도 하지 않았답니다. 겨우 8개월 만에 대마도 앞바다에 도착한 러시아 발트 함대는 세계 최강의 함대는 무슨, 그야말로 '좀비 상태의 파김치'였어요.

엔진을 돌릴 땔감이 없어 군함 안의 나무로 된 가구까지 다 연료로 태워 버린 38척의 전투함 그리고 1만 4천 명의 지칠 대로 지친 러시아 발트 함대 수병들은 1905년 5월 27일, 대마도 앞바다에서 아주 여유롭게 기다리고 있던 일본 해군을 만납니다. 대마도 앞바다에서 벌어진 양국 해군 간의 일전. 결과는 안 봐도 비디오죠. 일본 해군의 압도적인 승리였습니다. 8개월 간 지구 반 바퀴를 돌고 온 러시아 발트 함대는 동해 바다에 거의 대부분 수장되고 맙니다.

대마도 앞바다에서 세계 최강의 발트 함대가 박살이 나면서 실질적으로 전쟁은 끝이 납니다. 러시아가 진 겁니다. 당시 러시아 국민들은 엄청난 충격에 빠졌다고 해요. 독일이나 프랑스 등 다른 유럽 열강 국가도 아닌, 아시아 변방의 작은 섬나라였던 일본에 완패한 것이니까요. 이렇게 러시아의 패배로 끝나가던 전쟁에 미국이 끼어 들어와 중재합니다. '두 나라 그만 싸우고 이제 화해해'라고요. 미국은 1905년 9월, 러시아와 일본의 대표를 미국 포츠머스로 불러 전쟁 마무리 조약에 서명을 시킵니다. 이것이 그 유명한 '포츠머스 조약'입니다.

이 포츠머스 조약은 앞에서도 말했지만 우리나라에도 상당히 중요한 역사적 의미가 있습니다. 왜냐면 바로 이 조약 이후에 한반도가 사실상 일본의 손에 넘어갔기 때문입니다. 조약 내용을 요약하자면 이렇습니다. 첫째, 러시아는 앞으로 대한제국에서 손 떼고 대한제국을 일본에 넘긴다. 둘째, 만주 지역의 철도도 일본에 넘긴다. 사실 이 포츠머스 조약을 맺기 몇 달 전에 일본과 미국은 밀약(비밀 협약)을 하나 맺습니다. '일본이 한반도를 지배하는 대신 미국은 필리핀을 지배한다'라는 말도 안 되는 협약을요. 당시 미국의 육군 장관이었던 윌리엄 하워드 태프트와 일본 총리였던 가쓰라 다로가 협약에 서명했다고 해서 '가쓰라-태프트 밀약'이라고 불린답니다. 러일전쟁에서 일본이 이길 것 같으니 미국이 적극적으로 일본 편을 들어준 겁니다.

이렇게 일본과 미국이 몰래 한반도의 운명을 결정하고, 전쟁에서 러시아가 졌으니 확실하게 한반도에서 손 떼라는 의미로 포츠머스 조약을 맺은 겁니다. 포츠머스 조약 이후 한반도의 지배권을 가져온 일본은 너무도 당당하게 대한제국에 들어와 대한제국의 외교권을 빼앗아 갑니다. 그것이 그 가슴 아픈 1905년의 '을사늑약'입니다. '을사년에 이뤄진 늑약'이라는 의미인데, '늑약勒約'은 강제로 맺어진 조약이라는 뜻입니다. 그리고 그로부터 5년 후 1910년, 우리는 나라를 일본에 완전히 빼앗겨 버립니다.

독도가 우리 땅이란 증거

러일전쟁 최대의 하이라이트, 러시아 발트 함대와 일본 함대의 해전은 대한해협 그리고 울릉도 앞바다에서 펼쳐졌습니다. 당시 일본 함대가 만들었던 동해 지도를 보면 우리 독도가 선명하게 그려져 있는데 과연 일본은 정말로 독도를 처음부터 자기네 땅이라고 여겼을까요? 그렇지 않다는 명백한 증거가 있습니다.

1868년 일본 사무라이들은 메이지유신을 성공시키며 새로운 정부를 만듭니다. 그리고 일본 최고의 정부 기관인 태정관을 만듭니다. 태정관은 일본을 처음부터 다시 설계한다는 사명 하에 일본의 지도를 처음부터 다시 만들기로 해요. 그래서 1876년부터 일본 전국에 관리들을 보내 다시 모든 지역을 다 측량하도록 지시합니다. 그렇게 측량을 위해 지금의 시마네현으로 파견된 관리들이 애매한 지역을 발견합니다. 바로 지금의 독도였어요.

관리들은 태정관에 독도가 일본의 영토인지 문의합니다. 그 문의에 대해 1877년 태정관은 이렇게 대답합니다. '동해의 울릉도와 독도는 일본과는 아무 관계가 없는 섬이다. 이점 명심할 것'이라는 대답을요. '명심하라'라는 말까지 썼어요. 자기들 입으로요. 이걸 '태정관 지령'이라고 합니다.

이 문서는 현재 일본 도쿄의 국립공문서관에 비밀 보관 중이랍니다. 일반인은 열람할 수 없어요. 이 문서가 공개되면 일본은 끝납니다. 나중에라도 혹시 누가 독도는 일본 땅이라고 주장하면 태정관 지령을 설명해 보라고 받아치세요. 상대는 아무 말도 하지 못할 것입니다.

3장

끝없이 부는 러시아 혁명의 바람

1905~1916

피의 일요일과 제1차 세계대전

1905
1월, '피의 일요일' 사건이
일어나다.

1905
6월, 전함 포템킨의 병사들
반란을 일으키다.

1905
10월, 니콜라이 2세,
'10월 선언'을 발표하다.

1914
제1차 세계대전이 발발하다.

1916
라스푸틴, 사망하다.

러시아 몰락의 시작,
피의 일요일

러일전쟁의 패배는 가뜩이나 사회주의 혁명 세력에 의해 위태위태하던 러시아가 몰락하는 데 결정타가 됩니다. 전쟁을 위해 수많은 노동자와 농민들이 병사로 징집되어 죽거나 다쳤고, 러시아 경제는 박살이 난 상황에서 그나마 살아남은 노동자들은 월급이 나오지 않아 굶어 죽기 직전까지 가는 상황이 발생해요. 이런 노동자들이 자신들의 처지를 호소할 수 있던 사람은 러시아 황제 니콜라이 2세였습니다. 그래도 이 나라를 통치하는 황제니까요. 불쌍한 백성들이 살려 달라고 호소하면 '백성들의 아버지'인 황제가 들어줄 것이라 러시아 노동자들은 생각했어요. 아니 착각한 것이지요.

러시아가 러일전쟁에서 일본에 한창 박살이 나고 있던 1905년 1월 9일. 추운 겨울에 눈까지 내리던 일요일이었습니다. 러시아 수도 페테르부르크에서 노동자와 그 가족들 등 약 15만 명이 처지를 호소하기 위해 황제의 초상화를 들고 황제의 궁전이었던 '겨울궁전'으로 행진합니다. 당시 노동자들이 준비한 호소문의 내용을 간략하게 정리하면 다음과 같습니다. '황제 폐하. 우리 노동자와 늙은 부모, 굶주린 처자식들은 황제 폐하께 보호를 구합니다. 저희의 인내는 이제 한계입니다. 이런 고통을 참을 바에 차라리 죽는 것이 더 나을 정도입니다. 은혜를 베풀어 주소서, 저희를 불쌍히 여기시고 저희를 버리지 마소서. 저희는 살고 싶습니다'라는 내용이었어요.

15만 명의 국민들은 겨울궁전 앞에 도달합니다. 그러나 그들을 맞이한 것은 황제의 따뜻한 손길이 아니었습니다. 사실 황제는 궁전에 있지도 않았어요. 다른 곳에 휴가를 가 있던 차였습니다. 노동자 행렬이 궁전에 도착하자 궁전을 지키던 황제의 군대는 일제히 비무장 노동자 행렬에 무차별 총격을 가하기 시작했습니다. 하얀 눈밭은 총을 맞은 노동자들의 피로 붉게 물들기 시작했어요. 그게 다가 아니었습니다. 갑작스런 총격에 혼비백산 도망을 가던 노동자 뒤를 말을 탄 기마부대가 쫓아가 칼을 휘두르며 학살을 하기 시작했어요. 1월 9일, 이날 하루에만 공식적으로 200명의 국민들이 궁전 앞에서 학살당했습니다. 이날을 역사에선 러시아 혁명의 도화선이 된 '피의 일요일'로 기록하고 있습니다.

　이 피의 일요일을 러시아 혁명의 시작으로 보는 이유가 있어요. 이 대학살 이전까지만 하더라도 러시아 국민들은 황제를 '자비로운 아버지'로 여겼어요. 그런데 그 자비로운 아버지가 빵을 달라고 호소하는 자기 백성들을 총칼로 학살해 버린 겁니다. 러시아 국민들은 그제야 깨달았습니다. 황제는 국민의 적이라는 것을요. 국민을 학살하는 황제는 민중의 적이고, 이제 황제를 갈아엎어야 한다는 깨달음을 얻은 것이죠. 러시아 혁명의 시작이었던 것입니다.

혁명의 시작,
전함 포템킨

'피의 일요일' 소식은 러시아 전역으로 퍼졌습니다. 노동자들은 격분했어요. 그리고 모스크바 등 주요 도시에서 대규모 총파업이 일어납니다. 물론 이전에도 노동자 파업은 있었어요. 하지만 이번 파업은 단순한 총파업을 넘어선 '황제 타도'라는 정권 타도를 목표로 했습니다. 이런 노동자들의 움직임에 군대까지 참여합니다. 당시 러시아 해군 전함이었던 '전함 포템킨Potemkin'이라는 군함이 있었어요. 러시아 전역에서 황제 타도 운동이 한창이던 1905년 6월 27일, 수병들이 배급 받은 급식에서 구더기가 쏟아져 나오는 일이 발생했어요. 생각해 보세요. 러시아 군함의 수병들의 식사에서 구더기가 나왔다면 나머지 일반 러시아 국민들의 생활은 안 봐도 비디오겠지요?

밥그릇 안에서 구더기가 나오자 수병들은 격분했습니다. '아니! 밥이라도 제대로 줘야 싸우든가 말든가 할 것 아닌가!'라는 불만을 장교들에게 전합니다. 그런데 장교들이 한 대답은 '그냥 구더기 건져 내고 조용히 먹어'였습니다. 그 소리를 듣고 더욱 격분한 수병들은 장교를 죽이고 배를 접수합니다. 바로 '전함 포템킨 봉기 사건'이었습니다. 이 사건과 관련된 영화를 하나 추천해 드릴게요. 러시아 '천재 영화 감독' 세르게이 에이젠슈타인이 만든 러시아 영화 〈전함 포템킨Bronenosets Potemkin〉입니다. 전함 포템킨 반란 사건 20주년을 기념해 1925년에 만들어진 영화인데 인류 영화사에 엄청난 영향을 준 영화랍니다. 이 영화를 보시면 당시 러시아 혁명이 어떻게 시작됐고 전함 포템킨이 어떤 역할을 했는지 쉽게 이해할 수 있어요.

군함을 접수한 수병들은 본격적으로 황제 타도 운동에 동참하기로 합니다. 물론 황제 입장에서는 반란이었지만 국민들 입장에서 혁명에 동참한 것이지요. 이 포템킨함은 흑해를 담당하던 군함이었고, 당시 흑해에서 가장 큰 러시아 도시는 오데사Odessa였습니다. 지금은 러시아가 아니라 우크라이나 소속이지요. 이 오데사에서도 당시 노동자들의 대규모 총파업이 일어나고 있었어요. 포템킨 수병들은 오데사로 가서 노동자들과 합류하기로 하지만, 긴급 출동한 러시아

육군에 의해 안타깝게도 진압됩니다. 이렇게 전함 포템킨의 혁명은 실패로 끝납니다.

전함 포템킨과 같이 군대도 자기에게 등을 돌릴 수 있다는 사실에 경악한 황제 니콜라이 2세는 겁을 먹고 살짝 꼬리를 내립니다. 1905년 10월 17일에 언론과 집회의 자유를 허용하겠다는 내용의 '10월 선언'을 발표해요. 당시 노동자들은 물론 불법이지만 이미 총파업 등 집회를 하던 상황이었기 때문에 별 의미가 없는 선언이었지요. 하지만 이 10월 선언에서 중요한 발표를 하나 더 합니다. 바로 '의회'를 만들어서 국민들의 의견을 나라를 운영하는 데 반영하겠다는 내용의 발표였어요.

이 발표에 혁명 세력은 두 개의 파로 나뉩니다. 이 정도면 충분하니 여기서 만족하고 파업을 중단하자는 '온건파'와, 칼을 뽑은 이상 끝까지 가자고 주장하는 '강경파'로요. 이런 분열을 가만히 볼 황제가 아니었지요. 1905년 11월, 황제는 혁명 세력 지도층을 일제히 검거해 버립니다. 당했다고 느낀 이들은 다음 달 12월, 다시 총파업에 들어가지만 이미 온건파와 강경파로 분열되어 하나로 뭉쳐지지 못한 채 우왕좌왕합니다. 이 틈을 놓치지 않은 황제는 이들을 군대까지 동원해 무자비하게 탄압합니다. 다음 해인 1906년까지 무자비한 노동자 토벌에 들어간 황제의 군대는 무려 5만 명이 넘는 노동자들을 구속시키고, 파업에 참가한 노동자들에게 전원 사형 판결을 내립니다. 예, 맞습니다. 1905년 1차 러시아 혁명은 실패로 돌아갔어요. 하지만 이런 실패가 없었다면 '진정한 러시아 혁명'인 1917년 러시아 혁명은 없었을 겁니다.

그리고 이 1905년 '1차 러시아 혁명'은 역사적인 조직 하나를 탄생시켰습니다. 당시 러시아 노동자들은 전국적인 노동자 총파업을 지휘하기 위해 총지휘부를 만들었어요. 그 지휘부는 러시아어로 '노동자의 의회'란 뜻인 '소비에트Soviet'라고 불리게 됩니다. 당시 노동자들도 몰랐을 겁니다. 이 소비에트가 나중에 소비에트 혁명으로 발전하고 더 나아가 소비에트 연방, 즉 소련이라는 나라의 탄생으로까지 이어질 줄을요.

제1차 세계대전 참전과
요승 라스푸틴

1914년은 인류 역사상 아주 중요한 해였습니다. 바로 역사상 첫 세계대전인 1차 세계대전이 터진 해였기 때문이죠. 제1차 세계대전 이전의 전쟁은 나름 규칙과 규범이 있었거든요. 어느 정도 병사의 희생이 나오면 밀리는 쪽은 기꺼이 항복을 선언하는 등이요. 사람을 마구잡이로 죽이는 전쟁은 아니었답니다. 하지만 제1차 세계대전은 그런 인류의 전쟁 패턴을 완전히 바꾸어 놓았습니다. 규칙도 없고 매너도 없고 무조건 죽이고 보는 대량 학살이 시작된 것이죠. 이런 대량 학살의 판에 러시아도 휘말려 들어갑니다.

노동자들은 러시아의 제1차 세계대전 참전을 극렬하게 반대했습니다. 당연합니다. 전쟁에 끌려가는 사람은 대부분 노동자와 농민들이었기 때문입니다. 귀족과 부자들이 병사로 전쟁터에 끌려갈까요? 러시아 노동자들은 '귀족과 황제가 시작한 전쟁에 우리 노동자들이 끌려가 죽는 것은 절대 용납할 수 없다'라고 격렬하게 저항했어요. 또 러시아는 계획을 하고 제1차 세계대전에 참전한 것이 아니라 얼떨결에 참전하게 된 상황이라 전쟁 준비도 제대로 못한 상태였습니다. 그런데 갑자기 전면전이 터지니 생필품 만드는 공장에서 무기를 찍어 내는 상황이 펼쳐집니다. 당장 국민들 먹을 식량을 군인들을 위한 배급으로 돌려 버리니 러시아 국민들의 생활 형편은 최악으로 치닫습니다.

제1차 세계대전이 발발하고 2년 뒤인 1916년까지 약 500만 명의 러시아 병사들이 전쟁터에서 죽었습니다. 그 말은? 또 다른 500만 명의 노동자들을 전쟁터에 데려와야 한다는 말이지요. 러시아 노동자들 사이에선 '이번엔 정말 황제를 갈아엎자'라는 여론이 형성됩니다.

이런 상황에서도 러시아 황실은 정신을 못 차립니다. 당시 실질적으로 러시아를 통치하던 사람은 황제 니콜라이 2세가 아니었습니다. 황후 알렉산드라 표도로브나Alexandra Fedorovna가 니콜라이 2세를 아주 쥐락펴락하던 상황이었어요. 그리고 그 황후를 뒤에서 조종하던 사람이 있습니다. 바로 러시아 몰락의 주역, 요승(요상한 승려) 그리고리 라스푸틴Grigori Rasputin이란 인물입니다. 이 라스푸틴이란 인물은 원래 시베리아 출신으로 수도원을 전전하던 부랑자였습니다. 그런데 알렉산드라 황후를 만나게 되는 기회를 잡아 인생 역전에 성공합니다.

니콜라이 2세 부부에겐 알렉세이라는 아들이 하나 있었는데, 알렉세이는 상처가 생긴 후 피가 안 멎는 혈우병으로 고생했다고 합니다. 여러 의사들이 진료를 해도 차도가 없어 부부가 상당히 괴로워하던 그때, 라스푸틴이 등장합니다. 제1차 세계대전이 한창이던 1915년, 라스푸틴은 알렉세이의 병을 고칠 수 있다고 하면서 황후에게 접근해요. 지푸라기라도 잡는 심정으로 황후는 라스푸틴에게 아들을 맡겨 봅니다. 그런데, 놀랍게도 라스푸틴이 아들 알렉세이의 출혈을 그치게 합니다. 대체 어떤 방법으로 출혈을 막았는지는 현재로선 정확하게 알 방법이 없습니다.

황제 부부는 라스푸틴에 무한한 믿음을 가지게 됩니다. 그가 하는 말이라면 다 믿고 들어 주기 시작했습니다. 특히 황후인 알렉산드라는 라스푸틴을 거의 신처럼 신봉했어요. 그 와중에 황제 니콜라이 2세가 러시아군 총사령관으로 전장을 뛰어다니면서 황궁을 비우자, 황궁은 황후의 세상이 됩니다. 그 말은 곧 황궁이 라스푸틴의 것이 되었다는 것이었죠. 즉, 러시아는 그 순간부터 라스푸틴이 통치하기 시작합니다. 장관 임명, 정책 승인, 모든 것이 다 라스푸틴의 손아귀에서 결정됐습니다. 러시아라는 나라를 라스푸틴이란 요승이 국수처럼 후루룩 말아먹기 시작한 겁니다.

제1차 세계대전의 수렁에서 러시아가 점점 거덜이 나고 있던 1916년. 라스푸틴에 대한 안 좋은 소문은 이미 러시아 전역에 다 퍼져 버렸어요. 그때 군 장교들이 '라스푸틴에 휘둘리는 황제를 몰아내고 새 나라를 만들자'는 목표로 쿠데타 모의를 하기 시작합니다. 그 소식에 누가 제일 깜짝 놀란 줄 아세요? 황제요? 아니요. 황제의 사촌 동생, 조카 등 황실 일족이 가장 놀랍니다. 황제를 몰아내는 쿠데타가 일어나면 더는 황족 지위를 유지할 수 없으니까요. 즉, 자기들이 누리던 특권도 동시에 다 날아가 버린다는 뜻이었습니다. 그래서 황실 일족은 장교들이 쿠데타를 일으키기 전에 먼저 라스푸틴을 제거하기로 마음먹습니다. 모든 문제의 근원이 바로 라스푸틴이라고 생각한 것이죠.

그래서 1916년 12월, 일부 황족이 라스푸틴을 어느 파티에 초대합니다. 파티 중에 죽여 버리기로 한 것이지요. 그리고 라스푸틴이 좋아하는 포도주에 치사량 이상의 청산가리를 미리 타서 마시게 합니다. 라스푸틴은 그 포도주를 마셨어요. 죽었냐고요? 아니요. 오히려 더 신이 나서 기타를 치고 몇 시간 동안 노래를 불렀다고 해요. 그걸 본 황족들은 기겁합니다. 원래 죽어야 하는 사람이 멀쩡히 기타를 치고 노래까지 하니 라스푸틴이 악마라고 생각하고 혼비백산 도주합니다.

그 광경을 보다 못한 한 황족이 옷에서 권총을 꺼내 라스푸틴에게 쏩니다. 라스푸틴은 이제 죽었을까요? 아니요. 총을 맞고도 씩씩 거리며 뛰어다녔다고 합니다. '너희들이 감히 날 죽이려해?'라고 소리치면서요. 거기에 남아 있던 황족들, 거의 기절초풍할 지경이 됩니다. 그래서 라스푸틴을 향해 무차별 총격을 가해요. 그리고는 차가운 겨울 강물에 라스푸틴을 던져 버립니다. 라스푸틴은 그 다음 날 시신으로 발견되는데 부검 결과 사인은 '익사'였습니다. 청산가리 독살도 총에 의한 총살도 아닌, 물에 빠져 죽은 겁니다.

이와 관련해 재밌는 이야기가 하나 있어요. 라스푸틴은 죽기 얼마 전 니콜라이 2세에게 예언을 했다고 해요. '황제 폐하, 만일 제가 당신의 친척에게 죽는다면 황제 폐하와 가족들도 2년 후에 다 죽게 될 겁니다'라는 예언을요. 그 예언을 놀랍게도 현실이 됩니다. 라스푸틴이 죽은 후 약 1년 반 후 니콜라이 2세 가족들이 다 몰살당하기 때문입니다.

쇼스타코비치의 〈교향곡 제11번〉

역사적 사건을 주제로 한 영화들은 참 많습니다. 이처럼 역사적 사건을 주제로 한 음악도 많다는 사실을 아시나요? 쇼스타코비치의 〈교향곡 제11번〉은 조금 특별한 교향곡입니다. '1905년'이라는 부제에서 예상할 수 있듯, 피의 일요일 사건을 주제로 한 교향곡이거든요.

드미트리 쇼스타코비치는 소련을 대표하는 작곡가 중 한 명으로, '러시아가 낳은 최초의 천재', '현대의 모차르트' 등의 별명을 가지고 있습니다. 쇼스타코비치는 피의 일요일 사건 다음 해인 1906년, 페테르부르크에서 태어났습니다. 피아니스트인 어머니의 영향으로 어린 시절부터 피아노를 접했고, 1919년 페트로그라드 음악원에 입학했습니다. 1925년에 음악원을 졸업했는데, 쇼스타코비치의 졸업 작품인 〈교향곡 제1번〉은 세계에 그의 이름을 알리는 계기가 되었습니다. 68세에 심장병으로 사망할 때까지 그는 15곡의 교향곡을 비롯해 오페라, 영화 음악, 발레 음악, 기악곡 등 수많은 음악을 우리에게 남겼습니다.

쇼스타코비치가 1957년에 작곡한 〈교향곡 제11번〉은 총 4악장으로 구성되어 있습니다. 전곡 연주에 한 시간이 넘을 정도로 장대하고 거대한 음악 작품입니다. 여섯 개의 혁명가를 인용한 것 또한 이 작품의 특징 중 하나입니다. 쇼스타코비치는 이 곡의 악장마다 '궁전 앞 광장', '1월 9일', '추도', '경종' 등 피의 일요일 사건의 순서를 나타내는 부제를 붙였습니다. 1악장은 피의 일요일 사건이 일어나기 전 민중의 모습, 2악장은 학살 장면, 3악장은 희생자를 위한 진혼곡, 4악장은 비극을 딛고 일어나 전진하는 민중의 모습을 그리고 있습니다. 피의 일요일 사건이 낯설고 멀게만 느껴진다면, 쇼스타코비치의 음악을 들어보면 어떨까요?

4장

제국의 붕괴와
소련의 탄생

1917~1922

러시아 제국의 붕괴

1917
1월, 페테로그라드에서 대규모 반정부 시위가 열리다.

1917
3월, 니콜라이 2세 퇴위하다.

1917
4월, 레닌, '4월 테제'를 발표하다.

1917
10월, '10월 혁명'이 일어나다.

1918
3월, 수도를 모스크바로 바꾸다.

1922
소비에트 연방이 창설되다.

제정 러시아의 붕괴

　제1차 세계대전은 아직 끝나지도 않았던 1917년 1월 22일. 당시의 러시아 국내 상황은 처참함 그 자체였습니다. 생각보다 전쟁이 길어지면서 가뜩이나 힘든 러시아 노동자와 농민들의 삶은 비참함 그 이상으로 악화됩니다. 도저히 참을 수 없었던 약 10만 명의 노동자들은 수도 페트로그라드(1914~1924년에는 상트페테르부르크가 페트로그라드로 개칭됩니다)에서 1월 22일, 대규모 반정부 시위를 벌입니다. 요구는 간단했습니다. '제발 전쟁을 좀 끝내고 우리에게 빵을 달라'였어요. 더 안타까운 이야기는 이 시위대들이 '나는 굶어도 되는데 우리 아기 먹을 것만은 달라'라는 호소까지 했다는 겁니다. 자식 키우시는 분들은 아시겠지만 내 자식이 먹을 것이 없어 굶어 죽어가는 걸 보면 눈이 돌아갑니다. 이 소식을 전해들은 황제 니콜라이 2세는 어떤 결정을 내렸을까요? 군대에게 출동 명령을 내립니다. 살기 위해 빵 좀 달라는 노동자들을 다 죽이라는 것이었습니다.

군대는 시위대를 향해 총을 쐈을까요? '피의 일요일' 때와는 달리 이번에는 황제의 명령을 거부합니다. 병사들도 알았어요. 자식들 입에 들어갈 빵 좀 달라는 시민들에게 발포한다는 것은 일어나서는 안 되는 일이란 것을요. 노동자들이 파업을 시작하고 한 달 후인 1917년 2월 23일, 수도 페트로그라드의 여성 노동자들도 빵 배급을 요구하며 들고 일어났습니다. 여기에 우리의 '자비로운' 황제 니콜라이 2세는 또 군대에 발포 명령을 내립니다. 손자, 손녀 빵 좀 달라고 외치는 할머니, 어머니에게 총을 쏘라고 한 겁니다.

군대는 시위대를 향한 발포를 거부합니다. 그 모습을 본 장교들이 격분해 직접 총으로 시위대를 쏘려고 합니다. 이 모습을 본 병사들의 눈이 돌아갑니다. 병사들은 장교들의 무기를 다 빼앗은 후 장교들을 집단 폭행하고 감금합니다. 그리고는 노동자 시위대들과 함께 힘을 합쳐 수도 페테르부르크 시내의 여러 관공서들을 일제히 점거해 버립니다.

○ 니콜라이 2세 일가 사진
니콜라이 2세의 가족사진. 러시아 마지막 황제와 그의 일가족은 비참한 죽음을 맞이한다.

　그리고 2월 28일 새벽, 수도 페테르부르크를 방어하는 군 기지, 우리나라로 치면 수도방위사령부가 시위대에 점거당합니다. 황제 니콜라이 2세는 더 이상 도망갈 곳이 없어진 겁니다. 그리하여 드디어 3월 2일, 러시아 로마노프 황조의 황제 니콜라이 2세는 황제 자리에서 물러나겠다고 선언합니다. 제정 러시아, 즉 황제가 다스리는 러시아가 역사 속으로 사라지는 순간이었습니다. 역사에선 이 사건을 '러시아 2월 혁명'이라고 기록하고 있습니다.

다시 분열하는
러시아

　니콜라이 2세가 물러난 후 러시아는 또 다시 둘로 분열됩니다. 일
단 2월 혁명을 이끈 소비에트(노동자들의 의회)가 자신들이 새로운 러
시아를 이끌어야 한다고 나섭니다. 그런데 로마노프 황조가 물러간
자리에 자본가들이 슬쩍 들어와 '임시 정부'란 것을 세워요. 자기들
도 러시아 국민들이니 새로운 정부에 참여할 권리가 있다는 논리로
요. 그래서 러시아엔 갑자기 두 개의 정부가 생깁니다. 이에 혁명을
주도한 노동자, 농민 그리고 일부 군인들은 당황합니다. 노동자들은
자신들의 뒤통수를 친 자본가들을 당장 몰아내고 싶었지만, 더 이상
의 혼란이 있어서는 안 된다는 생각에 일단 타협합니다.

그럼 자본가들이 만든 임시 정부는 러시아를 제대로 통치했을까요? 만일 자본가들의 임시 정부가 러시아를 잘 다스렸다고 하면 노동자들도 할 말이 없었을 겁니다. 그런데 로마노프 황조를 무너뜨리고 새로 들어선 임시 정부도 국정을 개판으로 운영했습니다. 당시는 아직 제1차 세계대전이 끝나지 않았던 때입니다. 제대로 된 정부라면 당연히 전쟁을 그만두겠다고 선언을 해야 하는 상황이었습니다. 하지만 이 자본가들의 임시 정부는 전쟁을 계속하겠다고 결론을 내립니다. 자본가들 입장에선 전쟁이 계속되어야 군수 물자를 생산할 수 있고, 그래야 돈을 벌 수 있으니까요. 여기에 영국과 프랑스는 즉각적으로 임시 정부를 러시아의 유일한 합법 정부로 인정합니다. 러시아가 제1차 세계대전에 계속 참전해야 자기들 나라의 부담이 덜하니까요.

노동자와 농민들은 격분합니다. 혁명이 일어나고 황제를 내쫓으면 새로운 세상이 올 줄 알았는데 상황은 변하지 않았으니까요. 노동자와 농민들은 여전히 임시 정부에 먹을 것을 달라고 요구합니다. 이에 임시 정부는 전쟁을 계속해야 하는데 국민들에게 빵을 나눠 주면 병사들이 먹을 것이 없다는 이유로 단호하게 거절합니다. 아주 치졸한 이유였죠. 이렇게 러시아는 제정 러시아의 붕괴 이후에도 끝없는 혼란 속을 걷습니다.

레닌의 등장과
혁명의 완성

이 모든 난장판이 러시아에서 진행될 동안 레닌은 스위스에서 망명 생활 중이었어요. 여기서 독일 정부는 레닌에게 제안을 하나 합니다. '우리가 레닌 당신을 러시아에 안전하게 보내줄 테니 가서 러시아에서 노동자 혁명을 완수하시오'라고요. 갑자기 독일이 왜 이런 제안을 했을까요? 생각해 보세요. 독일 입장에선 러시아가 제1차 세계대전에서 발을 빼 주면 러시아와의 동부 전선이 사라지는 것이잖아요. 그러면 독일은 영국과 프랑스와 싸우던 서부전선에 집중할 수 있게 되니, 독일 입장에선 무조건 러시아에서 전쟁을 반대하는 노동자들이 권력을 잡아야 했습니다.

1917년 4월, 스위스에서 망명 중이던 레닌은 독일이 제공한 열차를 타고 드디어 고국 러시아로 돌아옵니다. 러시아 노동자들은 레닌을 열렬히 환영합니다. 드디어 이 악독한 임시 정부를 뒤집을 수 있는 인물이 러시아에 온 것이니까요. 귀국한 레닌은 그 유명한 '4월 테제'를 발표합니다. 테제thesis라는 단어의 원래 뜻은 '명분, 주장'입니다. 그런데 테제가 공산주의, 사회주의에서는 '전략, 전술'이라는 뜻으로 쓰인답니다. 즉, 4월 테제는 '레닌이 4월에 발표한 사회주의 전략, 전술'이란 뜻이에요.

　　이 4월 테제에는 앞으로 러시아 노동자들이 혁명을 완수하기 위해 따라야 할 일들이 설명되어 있어요. 간단하게 요약하자면 '노동자와 농민들이 완전한 깨달음을 얻지 못해 권력을 자본가들에게 빼앗겼으니 노동자들은 자본가들이 만든 임시 정부를 절대 인정해서는 안 된다, 지주의 땅은 모두 몰수해 국유화한 후 농민들에게 공정하게 분배한다' 등이랍니다.

　　레닌이 이러고 있는 와중에 임시 정부는 발표를 또 하나 합니다. 러시아 임시 정부는 니콜라이 2세가 다른 나라와 맺은 모든 국제 조약을 다 그대로 유지할 것이고 제1차 세계대전도 끝까지 참전하겠다는 발표를요. 노동자들 입장에서는 돌아버리는 겁니다. 레닌이 이끄는 노동자들은 최후의 결정을 내립니다. 1917년 10월 24일, 무력으로 임시 정부를 뒤엎을 계획을 행동으로 옮깁니다.

앞서 말씀드린 것과 같이 군의 일부도 레닌의 지휘를 받던 상황이었어요. 레닌은 러시아 해군의 군함인 아브로라호에 비밀리에 명령을 내립니다. 10월 25일 새벽에 임시 정부가 정부 청사로 쓰고 있던 겨울궁전을 향해 함포 사격을 하라는 명령을요. 그 함포 발사를 신호로 수도의 모든 노동자들이 일제히 모든 관공서와 주요 건물들을 다 점거할 계획을 세운 겁니다. 아, 당시 수도였던 페테르그라드는 부두가 있던 항구 도시였습니다. 물론 지금도 항구 도시고요.

드디어 새벽, 예정되어 있던 시각. 임시 정부 청사로 쓰던 겨울궁전을 향한 함포 사격이 시작됐습니다. 그리고 겨울궁전 밖에 대기하고 있던 노동자들에 의해 겨울궁전은 함락됩니다. 또한 수도 곳곳의 경찰서 등 관공서들이 노동자와 병사들에게 일제히 접수됩니다. 불과 몇 시간 만에 수도 전체가 노동자들의 손에 들어갑니다. 임시 정부 관료들도 모두 체포됩니다. 레닌이 이끄는 노동자들, 즉 소비에트가 러시아를 접수한 순간이었지요. 레닌은 즉각적으로 노동자들이 이끄는 소비에트의 혁명이 성공했다고 러시아 전역에 선포합니다. 수도 페트로그라드를 점령한 소비에트는 모스크바 등 나머지 러시아 주요 도시들도 일제히 접수했어요.

이것이 바로 역사 속에 진정한 러시아 혁명으로 기록된 1917년 10월의 '러시아 10월 혁명'이랍니다. 수도를 접수한 레닌과 노동자들은 곧이어 러시아 전역을 접수했고 노동자들이 이끄는 사회주의 혁명을 성공시킵니다. 그리고 인류 역사상 첫 사회주의 정권을 탄생시킵니다. '소비에트 러시아'가 등장한 순간이었습니다.

레닌이 이끄는 소비에트는 1918년 3월, 수도를 모스크바로 옮기면서 이전의 제정 러시아와는 완전 연을 끊어 버립니다. 이성계가 조선을 건국한 후 고려의 기억을 없애기 위해 수도를 개경에서 한양으로 옮긴 것과 같은 이유였죠. 레닌은 10월 혁명으로부터 5년 후 주변 이웃 국가들의 소비에트들과 거대한 하나의 노동자 국가 연합, 즉 소비에트 사회주의 공화국의 연합체를 탄생시킵니다. 바로 1922년, 소비에트 연방 Soviet Union의 탄생이었습니다. 우리에겐 소련이란 이름으로 더욱 친숙한 나라이지요.

소련은 이후 제2차 세계대전의 참전과 승전 후 세계 초강대국으로 성장합니다. 그리고 미국과 핵개발 등으로 치열한 경쟁을 벌이며 지구를 미국과 소련, 양 거대 진영으로 나눈 냉전'을 치릅니다. 레닌이 추구했던 사회주의 국가 건설은 1991년 소련이 붕괴되면서 결국 실패로 돌아갔습니다. 하지만 레닌이 추구했던 '노동자들을 위한 노동자들의 세상'의 그 정신만큼은 아직까지 우리 곁에 살아 숨 쉬고 있습니다.

니콜라이 2세의
죽음

1917년 러시아 노동자와 레닌이 주도한 10월 혁명 후에 쫓겨난 임시 정부 관계자들은 어떻게 되었을까요? 물론 대부분은 체포되었지만 운 좋게 도주를 한 임시 정부 관계자들은 일순간의 방심으로 노동자들에게 정권을 빼앗긴 것이 너무나도 억울했어요. 그래서 반격을 준비합니다. 1918년, 쫓겨난 자본가와 온건파 등으로 구성된 '반혁명군'이 레닌의 노동자 정권에 군사적 저항을 시도합니다. 러시아 내전의 시작이었지요. '옛 임시 정부파 대 레닌의 노동자 정권'의 전쟁이었습니다. 레닌의 노동자 정권은 '일하지 않는 자, 먹지도 마라'라는 구호 하에 일사분란하게 전쟁을 이끌어 온건파 잔당들을 차

례로 격파합니다. 그리고 마지막으로 1920년 11월, 흑해의 크름반도에서 마지막으로 저항하던 온건파의 반혁명군 잔당을 소탕하면서 짧았던 내전을 마무리합니다.

그런데 이 내전 와중에 쫓겨난 러시아 마지막 황제 니콜라이 2세 일가의 운명도 결정됩니다. 왜냐하면 옛 임시 정부 측이 레닌의 노동자 정권이 감금하고 있던 니콜라이 2세 황제 가족을 구출해서 자기들의 '상징적 지도자'로 삼기로 했기 때문입니다. 반란군은 나름대로 정통성을 찾으려 했던 것이지요. 레닌의 노동자 정권은 이들의 구출 시도를 막기 위해 황제 가족들을 데리고 여기저기로 옮겨 다니기 시작했어요. 그러다 결국 우랄 산맥 근처의 '예카테린부르크'라는 곳까지 옵니다. 이 사실을 파악한 반혁명군도 이곳에 몰려왔어요. 그리고 이 지역을 포위하고 황제를 내놓으라고 위협하기 시작합니다. 이에 노동자 정권은 반혁명군에게 황제를 넘길 수 없었기에 황제 일가를 처형하기로 결정합니다.

원래는 공개 재판을 진행하고 니콜라이 2세 가족을 처형할 계획이었어요. 그런데 상황이 급박하게 돌아간 것이죠. 1918년 7월 16일 새벽 2시, 황제를 감금하고 있던 노동자 정권 관계자들은 자고 있던 황제의 가족들을 다 깨웁니다. 곧 이동할 테니 짐을 챙겨 지하실로 오라는 명령과 함께요. 지하실에 다 모인 황제 가족들에게 노동자 정권의 처형 집행인은 다음과 같이 말합니다. "니콜라이 로마노프 씨. 반혁명군이 당신을 구출하려다 실패했소. 러시아 노동자들은 당신에게 사형 선고를 내렸습니다. 그리고 지금 바로 집행하겠습니다." 그리고 바로 총을 난사했답니다. 니콜라이 2세 황제의 유언은 놀랍게도 '지금 뭐라고 했나? 잘 안 들려'였다고 합니다. 그리곤 머리에 총을 맞고 바로 즉사합니다.

같이 처형 현장에 있었던 황제의 주치의를 비롯해 하녀들까지 모두 총살을 당합니다. 그중 공주 한 명은 총을 맞고도 살아 있었다고 합니다. 고통에 비명을 지르는 그 공주를 노동자 처형 집행인들은 총으로 때려죽였다고 전해집니다. 한때 유럽과 아시아 대륙을 지배했던 대 러시아 제국은 비참히 역사 속으로 사라집니다. 짧지만 많은 내용을 다룬 러시아의 역사 이야기였습니다.

마지막 차르 The Last Czars

공개   2019년
장르   다큐멘터리 드라마
연출   애드리언 맥도웰, 개러스 턴리
관람 등급 청소년 관람 불가

넷플릭스의 다큐멘터리 드라마입니다. '차르Czar'는 슬라브어권에서 '군주'를 의미합니다. 제정 러시아의 마지막 군주 니콜라이 2세의 이야기를 다룬 6부작 드라마입니다. 주제 때문에 러시아 드라마라고 생각할 수 있지만, 등장인물 전원이 영어로 대화하는 영국 드라마입니다. 미국 드라마에 익숙하신 분들이라면 편하게 보실 수 있습니다.

다큐멘터리 드라마답게 드라마가 진행되는 중간에 역사학자들의 인터뷰가 등장합니다. 드라마의 장면에 대해 자세히 해설해 주는데요. 드라마에서는 다 담지 못한 이야기들을 역사학자들이 친절히 설명해 줘서 지식 쌓기에 좋습니다.

이 드라마에서는 다정한 남편이자, 아버지였지만 시대의 흐름을 읽지 못한 니콜라이 2세의 일대기를 볼 수 있습니다. 이외에도 맹목적인 믿음으로 라스푸틴에게 의존했던 알렉산드라 황후의 모습 또한 잘 드러납니다. 러시아 제국과 황실의 몰락 과정이 궁금했던 분들에게 추천합니다.

찾아보기

**썬킴의
세계사
완전 정복**

1판 1쇄 발행 2022년 8월 11일
1판 5쇄 발행 2024년 8월 20일

지은이 썬킴

발행인 양원석 **편집장** 김건희 **책임편집** 서수빈
영업마케팅 양정길, 윤송, 김지현, 한혜원, 정다은, 백승원

펴낸 곳 ㈜알에이치코리아
주소 서울시 금천구 가산디지털2로 53, 20층(가산동, 한라시그마밸리)
편집문의 02-6443-8903   **도서문의** 02-6443-8800
홈페이지 http://rhk.co.kr
등록 2004년 1월 15일 제2-3726호

ISBN 978-89-255-7788-3 (03900)